知识隐藏行为

在线学习社区与影响

范从月 ◎ 著

KNOWLEDGE HIDING BEHAVIOR

ONLINE LEARNING COMMUNITIES AND INFLUENCING FACTORS

企业管理出版社
ENTERPRISE MANAGEMENT PUBLISHING HOUSE

图书在版编目（CIP）数据

知识隐藏行为：在线学习社区与影响 / 范从月著. -- 北京：企业管理出版社，2025.5. -- ISBN 978-7-5164-3269-3

Ⅰ.G434

中国国家版本馆CIP数据核字第2025AE0582号

书　　名：	知识隐藏行为：在线学习社区与影响
书　　号：	ISBN 978-7-5164-3269-3
作　　者：	范从月
责任编辑：	张　羿
出版发行：	企业管理出版社
经　　销：	新华书店
地　　址：	北京市海淀区紫竹院南路17号　　邮　　编：100048
网　　址：	http://www.emph.cn　　电子信箱：504881396@qq.com
电　　话：	编辑部（010）68456991　　发行部（010）68417763
印　　刷：	北京亿友数字印刷有限公司
版　　次：	2025年5月第1版
印　　次：	2025年5月第1次印刷
开　　本：	710mm×1000mm　1/16
印　　张：	13.5
字　　数：	168千字
定　　价：	68.00元

版权所有　翻印必究·印装有误　负责调换

前言

随着信息技术的进一步发展,在线学习已经成为教育领域中重要的学习方式之一。在线学习社区是基于网络构建起来的知识汇集平台和分享媒介,以其灵活、便捷的学习方式,丰富的学习资源和高效的信息传递渠道,为教育事业注入了全新的动力。目前大多数学者的研究聚焦于知识在网络环境下的传递过程,关注学习者之间的协作能力以及知识创新过程。然而,心理学家和组织行为学家们发现,另一种对于信息或知识进行隐藏的心理和行为,已悄然存在于各类组织空间内。在线学习社区因其开放性、生成性特征,也使得学习者的学习活动缺乏集体约束,导致知识隐藏行为的产生。而这些知识隐藏行为具有破坏线上学习环境、阻碍知识传播、损害学习者创造力等特征。

基于此,研究者开始试图探究影响知识隐藏行为的因素有哪些,以及影响机制是什么。本书根据班杜拉(Bandura)的社会学习理论,应用构建结构方程模型和探索性因子分析方法,对420名高校研究生在线学习社区知识隐藏行为的问卷进行分析后发现,专业认同感、变革型导师、主动性人格通过自我效能感、组织心理所有权，能够对知识隐藏行为产生负向影响。本研究的目的在于帮助教育工作者科学认识在线学习社区中的知识隐藏行为，为研究生的招生和培养工作提供一些建议，从而构建融洽的在线学习社区，提升在线学习者的学习效率。

本书是以我的博士毕业论文为基础完成的，在此特别要感谢我的博士导师、浙江大学教育学院特聘研究员翟雪松教授给予我的专业指导和耐心帮助；感谢我的硕士导师陶金玲教授和我的先生卞腾飞，在博士论文和本书写作过程中给予我情感上的支持和鼓励；感谢我的父母，在我出国读博期间帮我料理家庭事务，让我毫无顾虑地全身心投入学习中；当然，也要感谢我最亲爱的宝贝——卞慕凡小朋友，在异国他乡陪我上完一节又一节的博士课程；同时，也要感谢我的领导张晗教授、周迎亚副教授等对我工作上的支持和帮助。出于佐证的目的，本书引用了一部分该领域前沿的研究成果，在此，向所有参考资料的作者表示感谢。

范从月
2025 年 1 月 13 日

目录

第一章 绪论
第一节 研究背景 / 1
第二节 核心概念 / 4
第三节 研究目的 / 20
第四节 研究意义 / 22
第五节 研究问题 / 25
第六节 小结 / 26

第二章 文献综述
第一节 相关理论基础 / 27
第二节 关于知识隐藏行为的研究 / 31
第三节 小结 / 35

第三章 在线学习社区中知识隐藏行为影响因素的整合模型研究
第一节 研究目的 / 37
第二节 研究方法 / 39

第三节 资料分析与理论构建 / 49

第四节 模型解释与研究结论 / 57

第五节 理论贡献与管理启示 / 71

第六节 小结 / 80

第四章 在线学习社区中知识隐藏行为的量化研究

第一节 变量界定 / 83

第二节 研究假设 / 89

第三节 理论模型 / 100

第四节 研究方法 / 101

第五节 研究过程及结论 / 106

第五章 个体间知识隐藏行为的研究

第一节 引言 / 123

第二节 研究设计 / 125

第三节 模型建构与解释 / 132

第四节 研究结论与培养建议 / 139

第六章 案例研究

第一节 引言 / 145

第二节 案例研究方法概述 / 147

第三节 研究设计 / 151

第四节 慕课场景中知识隐藏的主要类型 / 154

第五节 小结 / 163

第七章 研究结论、建议与展望

第一节 研究结论 / 165

第二节 研究建议 / 174

第三节 研究展望 / 179

参考文献 / 183

附录一 访谈提纲一 / 199

附录二 访谈提纲二 / 201

附录三 问卷量表 / 203

第一章　绪论

第一节　研究背景

2024年上半年，中国互联网络信息中心（CNNIC）发布的第54次《中国互联网络发展状况统计报告》指出，我国网民数量已接近11亿人。又据《2024—2029年中国网络教育行业市场深度研究与战略咨询分析报告》显示，截至2023年6月，我国在线教育用户规模已达2.32亿，占全国网民的21.1%。

近年来，远程教育和在线教育的发展，特别是人工智能技术的迅速进步，深刻改变了人们的学习方式。越来越多的组织借助社交媒体、虚拟社区及其他在线平台来获取知识、分享观点和进行交流。网络学习社区凭借其灵活便捷的学习模式、丰富的学习资源以及高效的信息传播渠道，在特殊时期为教育领域注入了新的活力，有效缓解了新冠疫情给教育带来的冲击。而随着教育行业逐步恢复常态，教育工作者愈发关注在线学习的质量与效率。目前，学术界的研究主要聚焦于网络环境下的知识传播，探讨学习者之间的协作能力及知识创新过程。

随着社会的不断发展，人类已迈入知识经济时代，知识正逐步取代劳动力、资本和物质，成为推动组织可持续发展的关键竞争力，同时也是组织在市场竞争中占据优势的重要战略资源（韩张一，2015）。在激烈的市场竞争环境下，如何高效地开发和利用知识资源，成为组织关注的核心议题。

在组织内部，知识的价值体现在个体的使用上，只有当个体积极参与知识活动，知识才能真正发挥作用。因此，引导知识持有者主动分享和运用知识，成为知识管理的重要任务。高效的知识管理不仅能促进组织内部知识的流通，还能确保知识在组织内得到充分利用，从而提升整体竞争力（Nonaka 和 Konno，1998；Gold 等，2001；Alnaimi 和 Rjoub，2021）。组织的成长与发展离不开员工在工作场景中的知识共享。知识共享是推动个体知识向组织知识转化的关键环节，也是组织实现战略目标的重要手段。通过有效的知识共享机制，组织能够提升整体学习能力，优化决策过程，并增强创新能力，从而在竞争激烈的市场环境中保持可持续发展（Connelly，2011；Ragab 和 Arisha，2013；Hislop，2018）。不过，尽管员工之间的知识共享能够为企业创造价值，但由于彼此存在竞争关系，个人所掌握的知识往往被视为维持自身竞争优势的关键，因此，一些员工可能不愿主动与同事分享自己的知识，这种有意隐瞒或保留知识的行为被称为知识隐藏（Connelly 等，2011；Connelly 和 Zweig，2014）。

人才是创新的核心驱动力，随着我国产业结构的不断优化升级，社会对创新型人才的需求日益增长。高校作为培养和输送人才的主阵地，仅仅依靠传统的课堂授课已难以满足学生日益多元化的学习需求。在此背景下，信息技术与课程深度融合，催生了一种以学习者为主体、以教师为引导的全新在线学习模式，包括慕课（Massive Open Online Courses，MOOC）、网络学习共同体、数字化学习、社会性网络教育（SNS for Education）、微课、教育类 App 等。特别是在新冠疫情期间，在线学习平台凭借丰富的资源、便捷的信息传播方式以及无需线下面对面的特点，成为知识汇聚与共享的重要渠道。通过互联网和数字化平台，学习者能够自主学习，教师也能够远程授课，这种模式被广泛应用于需要团队协作的高校在线学习和知识交流中，使在线学习社区成为公众获取和分享知识的重要场所。

在线学习的核心在于信息资源的网络化流通，而在线学习社区则是一个边界模糊的虚拟网络空间，并非传统意义上的实体教室。此外，在网络环境下，学习主体主要通过文字符号进行互动，使得学习者之间的"社会依赖"程度相对较低。这种特性使得学习者更倾向于隐藏自己的真实情感、态度和想法，影响了在线学习的互动深度和知识共享的积极性（Omotayo 和 Akintibubo，2024）。当在线学习社区逐渐成为学习者获取知识、交流知识、分享知识的重要场所时，个人、同伴、导师等都会对学习者分享知识产生影响，导致知识隐藏行为的出现，从而对自身的知识进行保留或隐藏（王国华，2017；Li，2024）。何亦名和姜荣萍（2014）的研究也表明，与知识共享行为相比，知识隐藏行为具有更复杂的机制和多样的表现形式，其关键特征在于知识持有者在收到求助时，基于主观意愿选择不分享知识。翟雪松指出，在在线学习环境中，由于信息传播范围广、速度快且具有存储特性，知识隐藏行为可能导致知识长期被误解，从而影响数据分析的准确性，并引发一系列负面后果。此外，知识隐藏行为不仅会阻碍知识的有效流通，还可能削弱学习者的学习体验，破坏线上学习环境，甚至影响整体的学习氛围。Eid 和 Nuhu（2011）、Cerne（2014）、Littlejohn 和 Hood（2017）等人的研究也验证了知识隐藏行为会对学生的创造力和智力发展、协作学习环境的构建、学习资源的共享以及人际关系的建立等方面产生消极影响。此外，由于在线学习社区对学习者的约束相对较少，这种自由度反而可能进一步加剧知识隐藏行为的发生（薛瑞鑫，2023）。

第二节 核心概念

一、知识隐藏行为

20世纪60年代，社会学家和人类学家开始注意到知识隐藏的现象（Mechanic，1962；Nieburg，1963）。2012年，Connelly等人开始对知识隐藏行为进行研究，并将其定义为"组织中个体对他人的知识请求有所保留或者隐藏知识的行为"，并将知识隐藏划分为3种类型，分别是推脱隐藏、装傻隐藏和合理隐藏。推脱隐藏是指知识拥有者以误导性的承诺回应请求者，表明自己无意提供所需知识，从而拒绝帮助对方。这种知识隐藏行为带有一定的欺骗性质。装傻隐藏是指知识拥有者故意表现出对请求内容一无所知，或者假装不理解求知者的问题，以此回避知识共享，同样具有欺骗成分。而合理隐藏则不同，它指的是知识拥有者基于正当理由拒绝分享知识，例如所请求的信息涉及保密内容，仅限特定人员知晓等。这类知识隐藏行为不具备欺骗性。

在组织行为学领域，当学者们将研究目标聚焦在组织成员之间积极的知识分享时，知识隐藏行为开始凸显。Husted（2012）研究发现，组织成员之间存在知识共享的敌意。Argote和Ingram（2000）通过研究发现，组织成员往往对一些比较有价值的知识进行有意的保留。

综上所述，知识隐藏行为属于主观上的故意行为，不带有伤害他人的意图，而且不是所有的知识隐藏行为都具有欺骗性质。需要注意的是，不能混淆知识隐藏和知识囤积，知识囤积更多的是强调行为的欺骗性质，相对于知识隐藏，知识囤积可能会导致更消极的组织行为结果（Holten 等，2016）。

二、社区

"社区"一词是近现代社会发展的产物，最初是指居住在同一地理范围内的一群人，在 17~19 世纪，Williams（1983）的研究扩大了社区的含义，他认为，即使不居住在同一区域，但是彼此之间拥有共同利益或者相同的认知，这群人也可以组成社区。1887 年，德国社会学家藤尼斯在其著作《社区与社会》中提出了"Gemeinschaft"（译为"共同体"）的概念，他认为社区是基于血缘关系、邻里关系或朋友关系组合起来的一群人，是人们靠本质意志组合成的有机整体（王思斌，2003）。20 世纪初，美国学者查尔斯·罗密斯将"Gemeinschaft"译为"Community"，即社区，其含义非常广泛，在社会学领域主要是指一起工作、生活的人类共同体，社会学家普遍强调社区成员之间的亲密关系、相互依赖性、共同价值和归属感。

三、在线社区

随着互联网技术的不断发展，传统社区的边界得以拓展，催生了"电子疆域"，即在线社区（Online Community），也被称为虚拟社区（Virtual Community）或网络社区（Network Community）。在线社区使得身处不同地域的人们能够轻松获取、处理和传递信息，极大地拓宽了互动空间，提升了工作、学习和生活的便利性。

在线社区既具备传统社区的"社区属性",即由特定群体在一定范围内建立的社群关系,同时也展现出"虚拟性"特点——交互行为不再受时间和空间的限制,体现出跨时空、跨地域的特性。此外,在线社区的用户通常以虚拟 ID 的形式存在,具有匿名性和符号性,流动更加频繁。同时,由于缺乏实体社区的集体约束,其内部关系较为松散,整体氛围更趋向民主与自由。

四、在线学习社区

在线学习社区的概念最早由英国学者 Howard Rheingold 于 1993 年提出,指的是在网络环境中,由一群富有情感投入的个体,通过社交网络长期进行公开或半公开交流,从而形成的社会集合体。在线学习社区不仅具备传统社区的基本特征,如特定的区域、人群及其建立的社会关系,同时也融合了网络的虚拟特性,包括跨时空性、跨地域性、匿名性和符号性等。

在线社区根据其应用领域的不同可以划分为专业类在线社区、教育类在线社区、商业服务类在线社区、娱乐类在线社区(张新明,2003)。作为在线社区在教育领域的典型应用,在线学习社区也被称作虚拟学习社区、网络学习社区等。Hiltz 和 Wellman(1997)将在线学习社区定义为:既能满足学生和教师共同完成小组教学目标,又能满足学生情感、信息交流和归属感的社区。Kowch 和 Schwier(1997)将在线学习社区定义为:因为自然意愿与共同的理念和理想而结合在一起的在线学习群体。祝智庭(2003)将在线学习社区定义为:各种不同类型和个体为完成交互学习、协作学习和自主学习,借助网络和通信技术,满足成员获取知识、增进理解、提高技能的需求,完成教学、研究等活动的交互自治区域。张立国（2008）将在线学习社区定义为：学习者和帮助者进行持续的交互的学习的特定的网络空间。Hu Y 和 Li Y F（2012）将在线学习社区定义为：教师和学生利用社交媒体软件，如 BBS、微信群等平台进行在线学习，完成共同的教学或学习目标而形成的社区群体。翟雪松、王敏娟和 Usman Ghani（2019）则认为，在线学习社区的重要特征是学习性与社会性的有机统一，这主要体现在资源共享和交流活动两个方面，同时，社区成员之间的学习关系必须依靠社会关系，学习者在在线学习社区中通过寻求共同兴趣、加强互动等方式建立更广泛的社会关系，营造良好的学习氛围，巩固学习。

从上述不同时期研究者的观点可以看出，在线学习社区的发展主要经历了 3 个阶段：早期阶段，以开发和使用简单的在线课程为主；技术升级阶段，借助更先进的技术构建更复杂的在线课程；智能化阶段，依托人工智能和大数据技术，实现个性化学习和学习效率优化。目前，在线学习社区正朝着以下几个方向发展：一是更加个性化，通过人工智能和大数据技术，提供定制化的学习体验，满足不同学习者的需求；二是更加智能化，借助人工智能技术开发智能学习助手，帮助学习者解答问题、制定学习计划，提高学习效率；三是更加社会化，整合社交媒体与社交网络，增强学习者之间的互动与协作，促进知识共享和学习效果提升。

近年来，在线学习社区逐步发展为更加注重学习性与社交化的模式，使得非正式学习、碎片化学习和微学习等新型学习方式成为其主流教学模式。这种转变不仅提升了学习的灵活性和便捷性，也促使学习者能够在互动交流中获取知识，实现个性化和自主化的学习体验（田阳和冯锐，2016）。相比于线下交流与学习，在线学习更有利于学生之间的信息沟通、资源共享和活动互动，使学习者能够不断地更新和完善自身的知识体系。其核心特征在于信息交互，在线学习社区的建设不仅依赖于资源的开发与开放，更需要社区成员之间顺畅的知识共享。正因如此，大量研究开始关注学习者之间的知识协作与创新，致力于探讨网络环境下的知识传递与共享。然而，由于在线学习社区的协作学习存在时空隔离，学生无法通过观察组内成员的神态、肢体语言或言行举止来感知彼此的特征、学习状态和情绪，因此，在一定程度上影响了学习者之间的深度互动与协作效率（马秀麟和梁静等，2019）。在此情境下，学习者容易因为隐私和知识产权等问题，不愿意与其他学习者进行知识分享，从而隐藏自己的真实情感、保留自己对事物的真实态度。例如，不直接回答咨询者的问题，而是利用丰富的媒体功能如表情包等间接表述方式隐匿真实想法，或者以技术故障、自动回复的方式，让咨询者主动寻求其他解决方法（翟雪松和束永红，2019）。这一现象导致了大量"潜水者"的出现，严重阻碍了在线学习社区的知识积累与发展。同时，高校并不拥有大学生的"智力资本"所有权，无法强制要求学生进行知识共享，这也是在线学习环境下知识隐藏行为产生的重要原因之一。因此，相较于线下组织，在线学习社区中的知识隐藏问题更加复杂，也更具研究价值。

五、在线学习社区中的知识隐藏行为

现有研究主要集中在线下组织行为学或管理学领域，而对在线学习社区，特别是教育领域或高等教育过程中的知识隐藏行为关注较少。然而，随着互联网的迅猛发展，在线学习社区正逐渐成为学习者获取知识、分享知识的重要平台。这表明，在线环境下的知识隐藏问题值得进一步深入研究，尤其是在教育情境中，它可能会影响学习者的知识获

取、协作学习和整体学习体验。因此，探讨在线学习社区中的知识隐藏行为，对于优化学习环境、提升知识共享效率具有重要的理论和实践价值（王国华，2017）。个人因素、组织因素以及知识的复杂程度等多方面因素，都会影响学习者的知识分享意愿，从而导致知识隐藏行为的发生。在在线学习社区中，由于信息传播速度快、覆盖范围广且具备存储功能，知识隐藏行为一旦被误解或长期存在，就可能会导致数据分析结果的偏差，并在更大范围内产生负面影响。这种影响不仅可能阻碍知识的有效流通，还可能削弱学习者之间的协作学习氛围，降低学习效率（翟雪松和束永红，2019）。并且，在线学习社区缺乏集体约束，知识隐藏行为发生的概率更高（王国华和薛瑞鑫，2023）。因此，深入研究在线学习社区中的知识隐藏行为，对于优化在线教育环境、提升知识共享质量具有重要意义。近年来，学术界逐渐开始关注在线学习社区中的知识隐藏行为（见图1-1）。例如，一些知识拥有者可能会通过发送表情包等非文字化方式，刻意模糊表达，以此隐匿真实的想法，使求知者在信息采集中自行判断。此外，还有的知识拥有者借口设备故障或网络问题，故意延迟回复，从而迫使咨询者转向其他渠道寻求帮助。这些知识隐藏行为不仅影响了学习者之间的有效沟通，也在一定程度上阻碍了在线学习社区的知识流动和共享（王国华和薛瑞鑫，2023；翟雪松和束永红，2019）。

图 1-1 在线学习社区知识隐藏行为

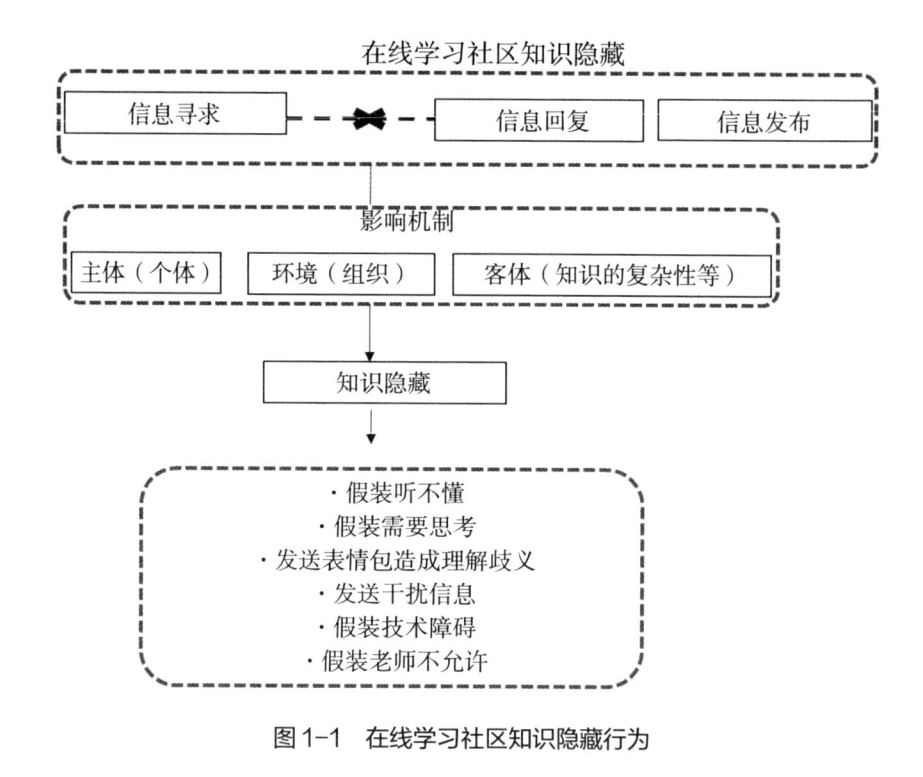

六、在线学习社区中知识隐藏行为的影响因素

进入知识经济时代后，知识已成为组织实现可持续发展的核心要素。知识的边际效应不仅不会削弱其自身价值，反而会在交流过程中不断积累、增值，进而形成集体智慧，构建共享的知识池。随着互联网技术的快速发展，学习者获取知识的方式逐渐由线下转向线上，使在线学习社区成为知识获取与共享的重要平台。然而，这一过程中也不可避免地出现了知识隐藏行为，即学习者对自身所掌握的知识进行保留或隐藏。这种行为受到多种因素的影响，包括个人意愿、群体压力和组织环境等。与知识共享不同，知识隐藏的心理机制更为复杂，表现形式也更

为多样。此外，在线学习社区因其开放性与包容性，缺乏传统组织中的集体约束，使得知识隐藏行为发生的概率增加。那么，学习者为何会选择隐藏知识，其背后的影响因素有哪些？这成了一个值得深入探讨的问题。研究者通过梳理国内外的相关研究，将影响知识隐藏行为的因素归纳为主体因素、客体因素和环境因素。主体因素主要涉及个体特征，如年龄、性别、人格、自我效能感和专业认同感等。这些因素会影响学习者的认知方式和行为倾向，从而决定其是否愿意共享知识。客体因素则关注知识与任务本身的特性，例如知识的属性、任务的复杂性和知识的价值性。通常来说，知识越复杂、任务难度越高或创新性越强，个体隐藏知识的可能性也会随之上升。环境因素包括社交关系、信任氛围和组织文化等。信任能够增强组织内部的共同价值观，促进知识共享，而缺乏信任则可能加剧知识隐藏行为。此外，组织规范、导师的变革型指导风格，以及组织成员对知识的心理所有权等因素，也不同程度地影响着知识隐藏行为的发生。综合来看，知识隐藏行为的形成是多方面因素共同作用的结果，深入研究这些影响机制，有助于优化在线学习环境，促进知识的有效共享和传播。

一些学者将研究重点放在在线学习社区中的消极知识隐藏行为，如拖延、"装傻"和"搭便车"等。翟雪松等人指出，相较于面对面的学习环境，在线学习社区中的知识隐藏行为及其背后的心理机制可能更为复杂。由于在线学习环境具有"去中心化"的特征，学习者之间的互动往往缺乏直接的监督和约束，再加上信息传播的便利性和匿名性，因此使得某些学习者更容易选择拖延回应、假装不知情，甚至依赖他人的贡献而不主动分享知识。此外，扁平化的学习方式和丰富的媒体内容虽然提升了学习体验，但也可能在一定程度上助长了知识隐藏行为。例如，学习者可以通过发送表情包、模糊表达或借口技术问题来逃避知识分享责任，从而影响在线学习社区的整体知识流动与共享效率。因此，研究如何减少这些消极知识隐藏行为，构建积极的知识共享氛围，已成为在线学习社区研究的重要课题（翟雪松和束永红，2019）。甘文波在研究在线学习社区时分析了知识隐藏行为发生的原因。他指出，如果学习者所在的在线学习社区缺乏有效的知识共享激励机制，那么社区成员就往往会降低参与度，不愿主动分享知识。这种情况下，学习者可能会减少在社区中的互动，甚至刻意隐藏自身的知识，以避免额外的认知负担或时间成本。此外，缺乏知识共享的激励还会导致个体在知识交流过程中降低投入水平，形成"搭便车"现象，使知识共享氛围逐渐弱化，最终加剧知识隐藏行为的发生。因此，构建合理的激励机制，增强社区成员的归属感和互动意愿，是缓解在线学习社区中知识隐藏问题的重要策略（甘文波和沈校亮，2015）。

1. 个体因素

在人口变量学方面，关于年龄、性别等因素作为控制变量对知识隐藏行为产生的影响并无统一的研究结论。如 He Peng（2013）在"为什么和如何进行知识隐藏"的研究中发现，年龄、性别和知识隐藏行为无关。然而，Zheng 等（2013）在考察信息质量和系统质量对虚拟社区知识分享的影响时发现，年龄对用户的持续知识隐藏意愿有显著的正向预测作用，即年龄越大，用户越倾向于对知识、经验进行保留。这些研究结果之间的不一致性可能是由以下原因引起的：首先，可能是被试年龄分布的不一致性导致结果的不一致性；其次，年龄与知识隐藏行为之间存在正相关关系，可能是由于年长者对自己较低的认知评价引起的。

此外，人格特质也是影响个体在在线学习社区中的行为的重要因素之一。具有主动性人格的学生在学习过程中往往更具目标导向，他们不仅会积极努力以实现个人或组织的学习目标，还会不断深化对所学知识的理解，形成独立的见解。当社区中的其他成员寻求知识帮助时，这类学生更倾向于主动分享和互动，从而促进知识的流通与传播。相较而言，缺乏主动性人格的个体可能更倾向于隐藏知识，减少互动，进而影响在线学习社区的知识共享氛围（Gong等，2012）。主动性人格水平较高的个体往往更倾向于主动改善现有的组织环境，他们通过积极地与组织内其他成员沟通交流、分享经验，建立稳固的社会网络关系。这种积极的互动不仅有助于增强团队协作，还能促使他们获得更多的支持与资源，从而更高效地提出并实施创造性解决问题的方案。相比之下，主动性人格较低的个体可能缺乏推动变革的动力，更倾向于被动地接受现有环境，进而影响团队整体的知识共享和创新能力（Kim等，2009），因此，主动性人格与知识隐藏行为呈负相关关系。

在教育领域，专业认同感被定义为学生对所学专业的认可程度，以及他们为此付出努力的积极态度和行为。专业认同感较高的学生通常责任感更强，他们不仅关注个人职业生涯的发展，还希望通过知识传播推动学科进步，主动承担分享与交流的角色。而专业认同感较低的学习者往往更注重自身优势的保护，倾向于控制知识的传播，以达到知识隐藏的目的。

由于知识的积累和新发现往往需要较长时间，并具有一定的偶然性，因此专业认同感较低的个体可能会对自己花费大量时间和精力所获取的知识产生强烈的个人情感，并形成"领地意识"。此外，与其他组织类似，在线学习社区的建立同样伴随着权力的分配。在专业认同感较低的成员看来，专业知识只是谋生的工具，他们缺乏对专业领域长期发展的关注。因此，他们可能会认为知识在团队中的流动会削弱自身的竞争力，影响其在社区中的优势地位。为了维护个人权力，他们可能会选择刻意隐瞒关键信息，甚至通过误导他人来限制知识的有效传播（姜荣萍和何亦名，2014）。因而，专业认同感可以视为研究学习者在线学习社区知识隐藏行为的预测因子之一。

从社会认知理论的角度来看，自我效能感在在线学习社区中的知识隐藏行为中起着关键作用。自我效能感是指个体对自己实现预定目标或取得成功的信心和信念，简单来说，就是"我能行"的心理预期。本质上，它是一种主观判断，并且这种判断会显著影响个体的行为决策。

研究表明，在虚拟社区环境中，自我效能感较强的个体更倾向于主动地进行知识共享，而自我效能感较低的个体则可能因缺乏信心而选择隐藏知识。此外，自我效能感不仅直接影响个体的知识分享意愿，还会通过多个心理因素间接作用。例如：用户态度——自信的个体更容易形成积极的知识分享态度，愿意与他人交流并贡献自己的知识；感知到的行为控制——高自我效能感的学习者更可能认为自己能够有效控制知识传播的方式和范围，从而降低知识隐藏的可能性；个人结果预期——自我效能感强的人更倾向于相信知识共享能带来正向回报，如获得认可、建立更广泛的社交网络等，因此更愿意分享知识。因此，在在线学习社区中，提高学习者的自我效能感，增强他们对知识分享的信心，可能是降低知识隐藏行为、促进知识流通的重要策略之一（Ho 等，2011）。王志成等（2017）的研究结果表明：第一，合理化隐藏与知识自我效能感、回避性隐藏行为之间具有显著的关系；第二，知识自我效能感与创造力、知识自我效能感与任务绩效之间均呈显著的正相关关系；第三，知识自我效能在合理化隐藏与创造力的关系、合理化隐藏与任务绩效的关系、逃避性隐藏与创造力的关系以及逃避性隐藏与任务绩效的关系中间起到显著的中介作用。Lin 和 Huang（2013）的研究认为，如果虚拟社区的用户对他人的询问有很强的自信心回答，那么他就越会主动地进行知识共享行为。同样的，如果用户拥有较低的自我效能感，没有信心回答他人的问题，那么他就不会积极地进行知识共享，反而会呈现出知识隐藏行为，即对问题避而不答或回避他人的知识请求。事实上，班杜拉的社会认知理论也同样表明个体对自己力量限度内所能及的事乐意去完成，对无能为力的事则极少采取行动。所以，当虚拟社区用户没有信心或信念回答他人的问题时，就很有可能表现出知识隐藏行为。

2. 客体因素

在线学习社区中的知识隐藏行为主要围绕知识这一核心对象，因此，知识本身的特性会直接影响学习者是否愿意分享。通过质性分析发现，影响在线学习社区知识隐藏行为的知识因素主要包括三个方面：知识的复杂性、知识的难易程度以及知识的价值。

首先，在知识复杂性方面，有的受访者提到："在慕课等在线学习环境中，问题通常会被发布到讨论区。如果问题简单且容易回答，我会愿意提供解答。但如果问题较为复杂，回答起来需要耗费大量的时间和精力，我可能就会选择不回应。""知识内容越复杂，分享的意愿就会降低。""如果一个问题需要长篇解释，或者涉及较为复杂的逻辑，那么我可能会觉得太麻烦而不愿意作答。"由此可见，当学习者认为所需分享的知识过于复杂时，他们往往会评估分享成本，若认为"需要付出较多的时间和精力"或者"过于烦琐"，则更倾向于回避分享。

其次，关于知识的难易程度，部分受访者提到："如果对方提出的问题比较简单，比如只需要一两句话就能解答，那么我愿意回答。""如果问题太简单，可能就不值得浪费时间去回复。"这一现象表现出两种截然不同的情况：其一，知识过于困难可能会引发学习者对分享成本的考量，导致其不愿意回应；其二，知识过于简单，则可能降低学习者对分享价值的预期，从而缺乏分享动力。

最后，在知识的价值性方面，学习者对高价值知识往往会产生"心理所有权"意识，如部分受访者表示："对于一些机密性较强的知识，我会根据其价值来决定是否分享，通常需要对方有所回报才愿意提供。""每个人获取知识都需要付出努力，因此我不愿意轻易分享自己的劳动成果。"这种心理认知使得学习者更容易产生知识隐藏行为。

综上所述，知识特性对学习者的知识隐藏行为具有重要影响，这种影响主要通过个体的主观认知来体现。因此，研究者通常将知识特性视为一种难以直接控制的客观因素。

3. 环境因素

班杜拉的社会学习理论认为，行为与个体认知、环境因素密切相关，三者之间是统一的交互作用关系，人类行为在很大程度上是个人认知与环境的交织结果。Connelly 和 Zweig（2015）也认为，知识隐藏往往受复杂的个体心理动机和组织间关系双重变量影响。在高校科研组织中，导师作为团队环境的构建者，对整体氛围的塑造起着关键作用。已有研究表明，在高校科研团队中，导师的引导对学生创造力的培养具有重要影响。一个积极、和谐的组织环境有助于促进团队成员之间的信任与相互激励，从而有效减少知识隐藏行为的发生（贾敏，2017）。导师指导风格源于领导风格，认可程度较高的领导风格分类，是班杜拉（1998）提出的变革型领导风格和处于其对立面的交易型领导风格这两种。

基于班杜拉对领导风格的分类，本研究认为，变革型导师指导风格主要体现在以下几个方面：以身作则，树立良好的个人榜样；明确阐述长期发展目标，引导学生持续努力；尊重学生的个体需求，并在学习和工作过程中给予理解和激励。而交易型指导风格则强调导师与学生之间基于契约关系的互动，学生需完成既定任务以获取相应奖励，关注任务完成的标准和绩效（Sergiovanni，1991）。在传统的高黏度线下科研环境中，这两种指导风格对显性绩效（如科研成果）各具优势。然而，在自主性较强的在线学习社区中，隐性绩效（如协同合作能力、知识分享意愿）是否会受到导师指导风格的影响，仍需进一步研究。因此，本研究将变革型导师作为预测在线学习社区中学习者知识隐藏行为的一个潜在变量。

组织作为个体职业生涯的载体和影响因素，往往被个人视为具有归属感和认同感的对象。当个体对组织产生强烈的主人翁意识时，他们会表现出较强的占有欲，并在心理层面与组织建立深厚的依附关系。这种心理归属感不仅影响个体的工作态度和行为，还可能对其知识分享或知识隐藏行为产生重要作用。首先，Pierce等（2001）提出的心理所有权理论为员工的知识隐藏行为提供了合理的解释。该理论认为，个体往往会对自己投入大量精力获取并持续掌控的事物产生情感上的依附，并倾向于保持对该事物的独占性。当面临知识共享的情境时，个体可能会担心自身对知识的控制权受到削弱，从而产生抵触心理，甚至伴随一定的消极情绪，这种心理机制在一定程度上解释了知识隐藏行为的产生原因（O'Driscoll等，2006）。在智力密集型组织中，知识往往是员工通过大量努力获取或创造的，因此，他们很容易将其视为个人资产，并倾向于加以保留和控制。这种知识心理所有权可能会对知识隐藏行为产生一定的正向影响，即员工出于对自身知识的占有欲或控制感，而选择不主动分享或故意隐藏相关信息。其次，Brown等（2005）提出的领地行为理论能够解释知识心理所有权如何影响知识隐藏行为。根据领地行为理论，个体对某一目标的心理所有权越强，就越可能将其视为个人领地，并采取措施加以保护，例如通过标记或防御等方式防止他人侵犯。当这种保护行为作用于知识时，就可能表现为知识隐藏行为。因此，可以推测，领地行为在知识心理所有权与知识隐藏行为之间可能起到中介作用，即个体对知识的强烈占有感会促使其采取领地行为，从而增加知识隐藏的可能性。

综上所述，在线学习社区的核心目标在于促进学习与教育，因此该类社区通常具备社区属性、虚拟特性以及教育性特征，其中教育性是其区别于其他类型社区的关键因素。此外，知识隐藏行为具有三个基本特征：首先，该行为存在于个体之间的互动过程中；其次，它发生在一方向另一方寻求知识的情境中，但这一过程并不总是意味着欺骗或负面影响；最后，与传统组织相比，在线学习社区的知识隐藏行为更具复杂性。

行为动力学相关理论指出，个体行为的构成要素及其影响因素通常包括行为主体、行为客体和行为环境。基于此，在线学习社区学习者的知识隐藏行为可归因于三个主要方面：学习者本身（行为主体因素）、知识特性（行为客体因素）以及线上线下的环境因素（组织行为环境）。在在线学习社区中，学习者之间的交互过程本质上是以知识为核心的信息流通过程，这一过程依赖于虚拟平台进行。因此，在分析在线学习社区中的知识隐藏行为时，需要综合考虑社区的普遍属性以及知识隐藏行为的基本特征。可以发现，在线学习社区与线下实体组织的知识隐藏行为在一定程度上存在共性，即该行为始终发生在个体互动的过程中，并且个体认知及社区环境对其具有重要影响。同时，在线学习社区的教育性和虚拟性使其知识隐藏行为与线下组织的知识隐藏行为存在一定差异。

从教育性的角度来看，在线学习社区中传播的知识往往具有较高的专业性和价值性，这可能会增强成员对知识的"领地意识"，以及对知识分享成本的感知，从而提高他们隐藏知识的可能性。而从虚拟性的视角来看，该特性主要会影响社区氛围与成员之间的交互行为。一方面，由于在线学习社区的边界相对模糊，其开放性和自由度较高，这种宽松的社区环境虽然有助于成员自由表达，但过于松散的结构可能会削弱成员之间的归属感，导致彼此间的距离感增加，进而减少知识共享并加强知识隐藏。另一方面，在线学习社区中的交互主体通常处于准永久分离状态，这也降低了成员之间的社会依存度。同时，由于在线交互具有符号化和匿名化的特征，学习者之间的亲近感和信任感较弱，这种交互模式和信息传播方式的变化，使得知识隐藏行为在在线社区中更加隐蔽。

第三节 研究目的

作为高校学生网络学习共同体的重要组成部分，在线学习是一种关键的教育模式，同时也是推动教育信息化的重要手段，因而具有较高的研究价值。目前，关于知识隐藏行为的相关研究主要集中在管理学和组织行为学领域，并且研究对象大多为线下组织，而对于教育领域，尤其是高等教育背景下的在线学习社区中的知识隐藏行为，研究较为有限。在线学习社区融合了课堂教学与网络学习环境，构建了一个由教师、家长和学生共同参与的学习生态系统，在这一系统中，成员能够进行交流、互动、学习及相互支持。知识、信息、学习方法以及实践操作等内容在这一复杂的网络环境下不断交互和流动，形成独特的学习形态（田阳和冯锐，2016）。高等教育背景下的在线学习社区中，学生的知识隐藏程度受到多种因素的影响，包括其对专业的认同程度、导师的指导方式、资源的分配与共享情况、学习动机以及互动频率等。因此，在社交网络化环境下，如何有效促进资源共享，减少知识隐藏行为，已成为亟待解决的重要课题。

专业认同感指的是学习者对自身所学专业的高度认同感，而目前关于专业认同程度对知识隐藏行为具体影响的研究仍处于探索阶段。变革型导师风格作为一种关键的指导方式，强调导师通过个性化关怀与个人影响力来促进学生之间的知识共享，从而减少知识隐藏行为。然而，在教育领域，这一方面的研究仍较为匮乏。此外，近年来组织内员工的心理所有权研究逐步增多，而高校科研团队作为学术性集体组织，其内部学生的组织心理所有权同样可能是影响学生知识隐藏行为的重要因素。

本研究旨在探讨在线学习社区中知识隐藏行为的影响机制。基于社会学习理论和心理所有权理论，本研究采用定性与定量相结合的方法，聚焦于知识隐藏行为的具体影响因素，分析组织心理所有权是否在知识隐藏行为中起到中介作用，并进一步探讨专业认同感、变革型导师与在线学习者知识隐藏行为之间的作用机理。

本研究的主要目标包括以下几个方面。

（1）分析在线学习社区中知识隐藏行为的影响因素及其后果，并提出可行的解决策略。

（2）对影响在线学习社区知识隐藏行为的潜在因素进行系统性研究，构建本土化的理论模型。

（3）通过实证研究，验证在线学习社区知识隐藏行为影响因素的作用路径，并利用量化数据对研究假设进行检验。

第四节 研究意义

本研究关注的是高等教育领域中的一个重要且几乎未曾深入探讨的课题——知识隐藏行为。通过探索人工智能时代下在线学习社区中的知识隐藏现象，本研究旨在为有效管理教学设计、技术应用及教育管理提供支持，并为推动创新驱动的教育发展、提高信息素养及促进教育现代化提供有力的依据。具体而言，研究者首先尝试探讨影响知识隐藏行为的组织和个人因素，其次讨论在教育情境下知识隐藏行为的表现及其影响因素，最后试图在网络学习的背景下，进一步解析知识隐藏行为的成因与表现。通过这一系列探讨，希望能够提升在线学习社区内成员间的互动效率，进而减少知识隐藏行为的发生。

一、对组织和个人的意义

在管理（Wood 和 Bandura，1989）、教育（Zimmerman，1989）和大众传播（Bandura，2001）等各个研究领域，社会认知理论被广泛应用于解释个人的有意行为。社会认知理论的基本前提是，个体行为是由环境因素和个人因素决定的（Bandura，1986）。本研究从个人因素专业认同感、心理所有权和组织因素变革型导师两个角度来探究在线学习社区中的知识隐藏行为，组织和个人因素在组织行为学中已经被验证与知识隐藏行为显著相关（Serenko 和 Bontis，2016；Huoet 等，2016）。

变革型导师是学生良好的榜样，能够尊重学生个人感受，并为学生指明长远的发展方向，这样的领导风格更容易建立积极和谐信任的团队环境。Serenko 和 Bontis（2016）、Bogilovie 等（2017）对知识隐藏行为的研究显示，和谐有序的组织文化可以增加员工之间的依赖和信任；Zhao 等（2016）则认为，组织环境中的不信任因素，会加强员工的自我保护，从而导致知识隐藏行为。因此，导师的变革型领导风格对预测知识隐藏行为非常重要。

专业认同感强的学生，对学习目标和价值有着强烈的信念，在面对他人的知识请求时，会表现出更大的责任心和同理心，尤其是在在线学习的环境中，学生的专业认同感越高，自身的责任感也会越重，这样的学生更愿意从自身的长远发展出发，为团队的专业表现做出更大的努力，从而增加对他人的公民行为（Somech 和 Bogler，2002），主动承担知识传播者的角色。因此，研究学习者的专业认同感对预测知识隐藏行为十分必要。

具有主动性人格特质的学生在学习过程中，通常会为了更好地实现组织或团队的目标而做出更加积极的努力。他们不仅会不断深化自己对所学知识的理解，还会形成个人的观点与见解。当团队中的其他成员需要知识帮助时，他们会积极主动地进行互动，从而促进知识的传播。因此，研究主动性人格与知识隐藏行为之间的关系，对于促进高校科研团队的创新能力具有重要意义。

二、对高等教育研究的意义

高校科研团队是创新力培育的重要基床（翟雪松和束永红，2019），大学生是知识传播力量的重要组成部分（George，2006；Valimaa 和 Hoffiman，2008）。已有关于知识隐藏行为的研究大多集中在组织行为和知识管理领域（Ceme 等，2014；Demirkasimoglu，2015；Zhao 等，2016），对于教育领域对知识隐藏行为的研究却寥若晨星，究其原因，大多数研究者简单地认为，解决知识隐藏的有效解决方案是促进知识共享，但是已有的知识共享机制并没有很好地解决知识隐藏问题，显然，知识隐藏行为不能单纯地被认为是知识共享的对立面，因为隐藏和共享行为可以同时发生（Peng，2013），且与知识分享行为相比，知识隐藏行为往往涉及更复杂的心理动机和组织变化（Connelly 和 Zweig，2015），知识隐藏心理和行为损害了知识共享，阻碍了科研创新（Ceme M，2014）。因此，在教育领域研究学习者的知识隐藏行为至关重要。

三、对在线学习环境的影响

随着信息化和大数据技术的快速发展，教育资源的呈现方式和传播手段得到了极大丰富。这一变化不仅改变了人们的行为习惯和教育教学路径，也缩短了全球范围内人与人之间的距离。学习者可以通过社区平台获取、存储和分享知识，交流心得体会，探讨学术问题，并最终达成共识，共同汇集集体智慧（田阳和冯瑞，2016）。在线学习社区因其重要性和实用性，已成为知识分享和学习的主要方式。尽管这些社区成功地将虚拟环境中的学习者连接起来，在线环境中的知识传播却未能按预期顺利发展。在虚拟学习社区蓬勃发展的今天，尽管知识隐藏行为常常被认为是通过增加知识分享来解决的问题，但目前实施的知识共享机制仍未能有效遏制知识隐藏现象（Peng，2013；Ghani 等，2020）。目前，在线学习的行为分析主要集中在学习者的登录次数、视频观看完成度、答案正确率等显性行为上，忽视了对隐性行为的探索和分析。然而，在人人互联的 5G 时代，人与人之间的互动将变得更加快捷与复杂，这为在线学习行为的全面分析提供了新的挑战与机遇（翟雪松和束永红，2019）。因此，研究在线学习社区中的知识隐藏行为对于优化人工智能分析算法具有重要的意义。同时，它有助于学习者在社区内建立良好的社交关系，营造积极的学习氛围，提升人与人之间的互动效率，从而提高整体学习绩效。

第五节　研究问题

本书基于已有研究，结合社会学习理论和心理所有权理论，对高等学校硕/博士研究生的知识隐藏行为进行理论和实证研究，通过编制知识隐藏行为测量问卷，了解大学生知识隐藏现状，探究知识隐藏行为的影响因素。具体研究问题如下。

（1）从个体认知角度来看，本研究选择专业认同感、感知个人知识所有权作为研究变量，主要探讨个体认知是否对自我效能感具有显著影响。

（2）从人格特质来看，本研究选取主动性人格和自我效能感作为研究变量，从而探讨人格特质对知识隐藏行为是否具有显著影响。

（3）从组织学角度来看，本研究选取变革型导师、组织心理所有权作为研究变量，从而探讨其对知识隐藏行为是否具有显著影响。

第六节　小结

本研究围绕在线学习社区中的知识隐藏行为展开,分析其影响因素及作用机制。随着信息化和大数据技术的迅速发展,在线学习已成为高校教育的重要方式,但知识隐藏现象阻碍了学习者之间的知识共享与合作。本研究基于社会学习理论和心理所有权理论,探讨了专业认同感、变革型导师、主动性人格及组织心理所有权等因素对知识隐藏行为的影响,并尝试构建系统化的影响因素理论框架。本研究采用定量与定性相结合的研究方法,旨在验证知识隐藏行为的作用路径,以优化人工智能分析算法,提高在线学习社区的交互水平和学习成效,为教育信息化与现代化提供实践参考和理论支持。

第二章 文献综述

本章主要是对研究中的主要变量的概念及其研究现状做一个梳理，具体涉及知识隐藏行为、专业认同感、变革型导师、组织心理所有权、感知知识个人所有权。通过对以上几个理论的文献梳理，有利于研究者从宏观角度去把握变量的选择，并为研究假设做铺垫。

第一节 相关理论基础

一、心理所有权理论

心理所有权的核心是占有感（Furby，1980），是指对某个事物、资格或观点的归属问题的感知，从心理层面上觉得是属于"我的"或"我们的"，从主体范围来看，包括个人所有权和集体所有权。2001年，Pierce等人提出知识心理所有权理论，该理论的提出，为企业员工知识隐藏行为提供了合理的理论解释，通常包括对目标物的深入了解，以及对自身的物质、情感投入的控制。个体所有权是指个体感觉到目标或者目标的一部分好像是自己的一种心理状态，反映了个体对所有权目标在意识上的占有（Pierce，2003）。个体很容易对自己花费精力获得并持续拥有的东西产生情感，并且不愿意与别人分享所有权，因为一旦与人分享，所有者就会失去对目标的控制权，因此产生消极的情绪（O'Driscoll 等，2006）。2009 年，Avey 将心理所有权划分为促进性心理所有权和防御性心理所有权。促进性心理所有权是一种心理暗示，包括自我效能、自我认同、归属感和责任感；防御性心理所有权是指个体对占有物可能脱离掌控时产生的一种防御心理，例如"领地感"。

知识是目标产物的一种，在法律和心理上常常面临归属问题，由此出现了知识心理所有权。法定的所有权是一种零和博弈，而感知的所有权不是。从法律和心理学的角度来理解知识心理所有权，一般将其定义为人们对自己所掌握的知识的占有、使用、受益的心理状态（李潇涵，2019）。从个体感知的角度来理解，知识可以包括工作总结、专利、文件等成果性知识和工作思路、经验与专业技能、人际交往技巧等在内的隐性知识，所有知识都是自己的心理状态（黄剑，2012），知识可以被组织和个人共同拥有（Jarvenpaa 和 Staples，2001）。本研究中，研究者认同 Jarvenpaa 和 Staples 的观点，认为在线学习社区中，学习者可以感知到组织心理所有权和个体同时拥有某种知识，即组织心理所有权与感知个人知识所有权可以同时存在。

二、社会学习理论

1986 年，班杜拉提出社会学习理论，强调行为与个体认知和环境三者之间的交互关系。其实早在 1972 年，班杜拉的研究就表明，人类的行为在很大程度上是个体认知与环境交互的结果。知识隐藏行为也经常会受到复杂的个体心理动机和组织之间双重变量的影响（Connelly 和 Zweig，2015）。社会学习理论中的个体因素侧重于认知层面，而专业认同感体现了个体对自身专业的责任感和认同感。具备较高专业认同感的学习者，往往具备更强的内在动力，驱使其在专业领域内深入探索、交流和学习，并增强其推动专业发展的信念和责任感。这种对专业的热爱和坚定的承诺，使其更倾向于主动分享知识，进而减少知识隐藏行为。特别是在在线学习环境中，这类学习者更愿意主动寻求全球范围内志趣相投的同行，共同探讨和研究，达成共识。

因此，社会学习理论能够提供一个合理的理论框架，用于理解、预测和影响个体行为，适合作为本研究的理论基础。

三、自我效能感理论

20世纪六七十年代，班杜拉基于社会学习理论，提出了自我效能感理论。自我效能感即个体对自身是否具备通过努力成功完成某项任务的能力所持的信念或主观判断，也被称为"自信心"。这一评价结果会直接影响个体的行为动机。班杜拉认为，人类的行为不仅受外部结果的影响，还受到个体对自身行为能力及预期行为结果的认知和判断的作用（Bandure 和 Albert，1986），在个体开始某项行为之前，会对自身能力和信心进行评估，这一推测和判断过程正是自我效能感的体现。因此，个体的行为不仅受到对结果的期待影响，更受自身效能预期的制约，自我效能在很大程度上决定了个体的行为倾向。

具有高自我效能感的个体坚信自己能够成功达成目标，他们往往更愿意投入努力，并保持坚定的毅力，从而推动自身的学习与成长。在知识管理领域,高自我效能感的个体对隐性知识有较强的掌控欲,希望通过知识分享来获得自尊、表达自我,并建立个人认同感,以满足自我实现的心理需求。因此,这类个体更倾向于主动分享隐性知识。

第二节　关于知识隐藏行为的研究

知识管理指的是在组织内部构建一个完善的知识体系，使知识能够通过创造、共享、记录和存储等方式不断循环流动，形成持续优化的知识生态，进而帮助组织积累智慧资本，为管理者提供科学决策支持。

近年来，在线学习平台发展迅猛，尤其是在新冠疫情流行期间，各大教育机构纷纷采用视频会议软件、在线课堂等远程学习工具，以确保教学活动的顺利进行。这种变革为学生随时随地获取学习资源提供了便利，同时也推动了研究者对网络学习环境下知识共享行为的深入探讨。然而，心理学家和组织行为学家研究发现，许多用户和学习者并未积极参与组织内的知识共享。当学习者缺乏足够的知识共享动机时，他们更倾向于减少对组织的贡献，从而引发知识隐藏行为的发生。

一、关于知识隐藏行为结构维度与测量的研究

知识隐藏行为最早由 Connelly 等人于 2012 年提出，并被定义为："在组织中，当他人请求获取知识时，个体故意保留或隐瞒相关知识的行为。"这种知识不仅包括信息和观点，还涵盖与组织成员完成任务绩效相关的专业技能。Connelly 等人将知识隐藏行为划分为三个维度：推脱隐藏、装傻隐藏和合理化隐藏。

推脱隐藏指的是个体向请求者提供错误信息，或者在承诺帮助的情况下故意拖延，但并无真正帮助的意图；装傻隐藏是指隐藏者假装听不

懂对方的问题，或声称自己对该问题一无所知，尽管两者都涉及一定程度的欺骗，但装傻隐藏通常不带有伤害意图，而推脱隐藏可能会对请求者产生负面影响；合理化隐藏则是指个体以合理的理由拒绝提供知识或答案，这种情况不一定涉及欺骗动机。

在组织行为学研究中，Connelly 等人编制的测量量表因其科学性和可靠性而被广泛认可，该量表涵盖了上述三个维度，每个维度包含 4 个测量项，是目前学术界研究知识隐藏行为的重要工具。

此外，中国学者 He Peng（2012）将知识隐藏作为一个单位结构，开发了包含 3 个测试项目的知识隐藏量表。Zhao Ting（2013）对 Connelly 等人开发的量表进行了验证，并最终研究出了符合中国文化背景的知识隐藏量表，包括 8 个测量题项（5 个用来测量主动隐藏，3 个用来测量被动隐藏）。翟雪松等（2021）通过开发在线知识隐藏量表，研究发现，此量表对组织评估在线学习和知识交流中的知识隐藏行为是有效的。

Connelly 等（2012）、Peng（2013）、Serenko 和 Bontis（2016）、Bogilovid 等（2017）的研究确定了组织水平、个体特征和知识含量与知识隐藏行为相关。组织层面的因素包括组织的知识管理系统、组织的文化、组织中的政策等，这些都会影响知识隐藏行为。例如，和谐信任的组织文化可以使知识拥有者产生长期的信任，促进知识共享，反之，则会导致包括知识隐藏在内的自我保护机制（Zhao 等，2016）。个体层面如知识心理所有权等都与知识隐藏行为有关（Peng，2013），这一类人会认为知识是个人的隐私和产权，由于信任等问题不愿与人分享。此外，知识的复杂程度也可能会对知识隐藏行为产生影响，个体对于越复杂的知识越可能会出现知识隐藏心理和行为（Huo 等，2016）。

二、高等教育在线学习中的知识隐藏行为研究

现有的知识隐藏行为研究主要集中在组织行为学和管理学领域，而对高等教育，尤其是高等教育过程中知识隐藏行为的研究较为稀缺。针对在线学习社区的知识隐藏行为，相关研究更是少之又少。这或许是因为许多研究者认为，解决知识隐藏的有效方法在于促进知识共享。然而，知识隐藏与知识共享并非完全对立的概念，它们可能在同一环境中同时存在，相互影响。因此，有必要进一步探讨高等教育背景下在线学习社区中的知识隐藏行为，以揭示其发生机制及潜在影响因素（Peng，2013）。Usman Ghani 等（2019）基于社会学习理论和社会认知理论，从互动正义与专业认同的视角，对高等教育中的知识隐藏行为进行了研究，发现两者与知识隐藏行为显著相关。翟雪松（2019）从在线学习的视角，探讨了在线学习中高校学生之间知识隐藏行为的影响因素，相比于线下的学习环境，在线学习环境中的知识隐藏行为研究比较复杂，学习者更容易保留自己对事物的真实情感与感受，更容易出现知识隐藏行为，阻碍科研创新。郭礼祥（2020）从人际信任和班级氛围的视角，探讨了大学生知识隐藏行为，关于人际信任的研究结果显示，人际信任会增强学生之间的价值观和情感纽带，从而减少知识隐藏行为的发生。这与 Connelly（2012）的观点基本一致，即人际不信任与知识隐藏行为显著相关，知识拥有者越是信任知识请求者，就越不会对其进行知识隐藏。关于班级氛围的研究结果显示，班级氛围对大学生的知识隐藏行为有显著影响。朱慧銮等（2022）基于人际信任的中介作用，探讨了班级氛围对医学生知识隐藏行为的影响，并且指出，通过优化班级氛围、提高人际信任水平，可以改善医学生的知识隐藏行为。

三、虚拟社区中的知识隐藏行为研究

目前关于在线学习社区中的知识隐藏行为研究主要分为两类。

一类是直接以管理学中的知识隐藏行为研究为基础，探讨在线学习社区中知识隐藏行为的影响因素。翟雪松和束永红（2019）基于224名高校研究生的调查发现，在线学习社区中，专业认同感强的学生，知识隐藏行为越少，变革型导师指导风格能够减少知识隐藏行为。翟雪松和王敏娟等（2019）基于"刺激（各种环境因素）—有机体（个人感知、感觉和思维的内在状态）—反应（在线协作学习）"的范式，对学生的知识隐藏感知进行了实证研究。研究发现，隐私问题会通过知识隐藏间接影响在线协作学习。谷凯（2018）以中国典型的问答社区为研究对象，探讨了个人认知因素和社区氛围对知识隐藏行为的影响。研究发现，个人特征中的自我无效能、心理所有权以及知识特点中的隐性知识、知识复杂性对知识隐藏行为均有正向显著影响，其中自我无效能的影响最大；情境氛围对知识隐藏行为并无显著影响。此外，研究还发现，参与度不能调节个人特征、情境氛围和知识特点与知识隐藏行为的关系。

还有一类是基于真实的在线学习社区，从知识隐藏行为发生的频率和在线社区成员进行知识隐藏时所采取的策略两个角度进行研究（唐新月，2021）。甘文波和沈校亮（2015）基于在线学习社区中的弱社会关系和弱行为规范，探讨了行为不适当、情景约束及知识分享自我无效能等个体认知因素与知识隐藏行为的关系。

第三节　小结

在线学习社区区别于其他在线社区的核心特征在于其学习和教育属性。尽管在线学习社区与传统社区的知识隐藏行为具有相似之处，如社区特性对行为的影响，但其教育性和虚拟性使其具有独特性。已有研究表明，知识隐藏行为通常具备以下特征：发生在个体间的知识请求互动中；是一种刻意隐瞒的行为，但并不总是与欺骗或消极动机相关。

从其教育性来看，在线学习社区中的知识流通更加专业化，知识的价值感增强，使学习者更容易产生"领地意识"，同时也更敏感于知识共享带来的成本，从而可能促使知识隐藏行为的发生。从其虚拟性来看，在线学习社区的开放性和去中心化降低了社区的结构化程度和归属感，而交互主体的匿名化与符号化进一步削弱了学习者间的信任与亲密感，增加了彼此的心理距离，也使知识隐藏行为更为隐蔽。

基于此，本研究聚焦于高等院校具有在线学习经历的硕博研究生，从组织因素和个人因素两个维度，探讨在线学习社区中知识隐藏行为的影响因素及其作用机制，以期为促进在线学习环境中的知识共享提供理论支持。

第三章 在线学习社区中知识隐藏行为影响因素的整合模型研究

第一节 研究目的

1996—2001年期间，国际期刊上关于知识隐藏行为的研究相对稀少，首篇相关论文发表于1996年，随后1998年、2000年和2001年各有一篇发表。自2002年起，相关研究文章开始逐年发表（每年1~5篇），并且自2008年起呈现增长趋势，每年发表超过5篇。特别是在2014—2019年期间，相关研究数量激增，每年发表的文章数超过10篇，并且在2019年达到了历史新高（37篇）。根据数据趋势分析，20世纪90年代至21世纪初，对于知识隐藏行为的研究较为零散，其系统化研究始于21世纪10年代，并且此后逐步深化，尤其是近几年，研究数量显著增加。由此可见，对知识隐藏行为的研究主要经历了三个发展阶段：第一阶段（1996—2007年）为起步阶段，第二阶段（2008—2013年）为快速发展阶段，第三阶段（2014年至今）为深化和成熟阶段。

学术界对知识隐藏行为的研究大多借鉴了管理学中关于知识隐藏行为的相关理论，不过，管理学中的研究多集中于实体经济组织，所得出的结论并不完全适用于在线社区中的知识隐藏行为。在线学习社区相比传统的实体组织，其成员之间的互动往往不是面对面进行的，虚拟环境的特性使得在线学习者的知识隐藏行为更为隐蔽。因此，在研究在线学习社区的知识隐藏行为时，我们应重点关注以下两个方面：知识隐藏行为在在线学习社区中的发生频率可能与实体组织中的情况有所不同；在线学习社区成员在进行知识隐藏时所采用的策略，可能与实体社区中的策略有所不同。此外，在教育领域特别是高等教育环境下，关于知识隐藏行为的"本土化"研究仍然较为稀缺，值得进一步关注。

第二节 研究方法

本章采用扎根理论的质性研究方法，进行归纳性理论构建研究。通过深度访谈收集数据，借鉴系统科学领域中的 WSR（物理－事理－人理）方法论思想，深入探讨和归纳知识型团队成员（硕/博士研究生）知识隐藏行为的影响因素，进一步分析各类因素对知识隐藏行为的影响方式和路径，旨在构建一个关于知识型团队成员知识隐藏行为的影响因素整合模型。本章的研究为后续的演绎性假设验证研究提供了理论基础。

一、扎根理论

扎根理论是由社会学家 Glaser 和 Strauss 于 1967 年提出的一种质性研究方法，该方法的核心在于通过对原始资料的深入分析和归纳，自下而上地构建一个关于特定研究问题或现象的整合框架或实质性理论。扎根理论有效地弥合了实证研究与理论构建之间的差距，为质性研究提供了明确的研究策略和分析流程（孙晓娥，2011）。扎根理论特别适用于那些缺乏理论解释或现有理论无法充分解释的研究问题，能够深入挖掘新兴行为或现象的内涵与外延，并系统地提炼出这些行为或现象的影响因素及其作用机制（徐建中和曲小瑜，2014）。Pandit（1996）在回顾运用扎根理论开展研究的文献后，总结出了扎根理论研究的基本流程，主要包括 6 个基本步骤：研究问题、文献探讨、资料收集、资料分析、理论构建和研究结论，如图 3-1 所示。

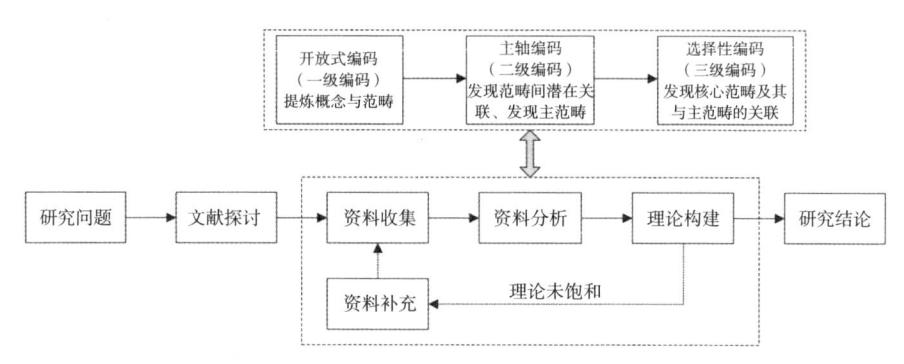

图 3-1　扎根理论研究的基本流程

Pandit 指出，扎根理论研究的 6 个基本步骤是一个循环往复、逐步深入的过程。例如，资料收集为资料分析提供了基础，而资料分析则为下一轮资料收集提供了方向和焦点。在这些步骤中，最为关键的环节是对原始资料的分析，它为理论构建提供了重要依据。Strauss 和 Corbin（1990）总结和归纳出了一整套完备的资料分析流程，主要包括开放式编码、主轴编码和选择性编码 3 个编码过程。开放式编码是指研究者摒弃自身的"偏见"和现有研究中的"固有观念"，以开放的心态对收集到的资料进行分析。研究者将资料进行拆解、审视和比较，通过对信息的提炼与整合，形成新的概念。这些概念随后被重新组合并归类，形成研究中的核心范畴（陈向明，1999）。开放式编码的目的是从数据中提炼出概念，并确定这些概念所属的范畴，同时界定范畴的属性和维度。而主轴编码则是将研究者的分析聚焦在某一特定范畴上，深入探讨该范畴与其他范畴之间的潜在关系。这个过程帮助研究者构建了一个主范畴，能够涵盖多个相关范畴，形成对研究问题的更为全面的理解（陈向明，1999）。选择性编码是扎根理论中的一个重要步骤，它指的是研究者在进行数据分析时，从众多的概念和范畴中筛选出一个核心范畴，并将其作为整个研究的主线。通过选择性编码，研究者能够将与核心范畴相关的其他范畴整合，最终形成一个系统化的理论框架，帮助解释研究现象的深层次原因和规律。选择性编码的"选择性"体现在，研究者在众多的概念和范畴中选择那些与核心范畴有显著联系且能在理论框架中发挥关键作用的概念和范畴。这一过程可以帮助研究者聚焦于最具解释力和理论贡献的部分，从而在理论建构过程中保持简单性和紧凑性，避免冗余或不必要的细节干扰，确保最终的理论能够清晰、准确地解释研究现象（费小冬，2008）。

陈向明（1999）认为扎根理论的基本思路可以总结为以下6个方面，作为研究者在使用扎根理论过程中应遵循的关键原则：一是从资料中产生理论框架。理论框架应建立在原始资料的基础上，必须以实际的经验事实为依据，而不是预先设定的理论或假设。二是保持对理论的敏感度。研究者需要对现有的理论、前人的研究以及数据中潜在的理论保持高度敏感，随时捕捉新的理论线索，并对其进行深入挖掘。三是运用不断比较的方法。研究者应持续进行资料与资料、资料与现有理论以及资料与文献之间的比较分析，直到不再发现新的概念和范畴。四是采用理论抽样方法。在资料分析的过程中，初步生成的理论应成为下一步资料收集的基础，以此逐步推进理论的完善和修正。五是灵活运用文献。原始资料、个人理解和已有文献成果之间应形成互动关系，通过不断的对比、整合和验证，灵活使用文献，增强研究的深度和广度。六是理论性评价。所构建的理论应具备实际应用性，能够适用于真实世界和广泛的场景，与研究对象紧密相关，并具备可调整、修正的能力，以应对不断变化的研究背景。

这些基本思路有助于确保扎根理论的研究过程是系统、动态且富有启发性的，能够从实践中不断生成新的理论，为学术研究提供真实、可靠的理论基础（Partington，2000）。

二、WSR方法论

WSR方法论是由顾基发教授和朱志昌博士基于钱学森、许国志等系统科学家的思想，于1994年在英赫尔大学提出的。WSR方法论不仅仅是一种方法，更是一种用于解决复杂问题的工具。它在观察和分析问题，尤其是面对具有复杂特性的系统时展现出独特的优势，并融入了中国传统哲学的思辨精神。WSR方法论的核心在于将多个分析方法整合为一个统一的体系，使得在解决问题时可以通过条理化、层次化的方式简化复杂的问题。它属于定性与定量分析的结合，是一种体现东方系统思想的综合性分析方法。该方法论的独特性在于其系统化地组织方法组群，将它们进行合理整合，从而使复杂的系统问题可以通过简化的方式得到有效处理。在国际系统科学学会中，WSR与其他整合系统方法论，如TOP（Technical Perspective，技术观点；Organization Perspective，组织观点；Personal Perspective，个人观点）方法论、TSI（Total Systems Intervention，全面系统干预）方法论等并列，被作为重要的整合系统方法论之一，强调在处理问题时的全面性、系统性和跨学科的整合性（顾基发等，2007）。

WSR方法论中的物理、事理和人理分别代表了系统中的不同层面和维度。物理指的是客观实在中的物质属性，关注的是系统中的实体、资源、结构等方面。它通常回答"物是什么"的问题，即事物的具体性质、组成和特征。例如，物理层面可能涉及系统中存在的物质、设备、资源、环境等方面的实际情况。事理指的是组织、系统管理和做事的规则、制度、流程等，侧重于系统运作和管理的方式。它通常回答"如何去做"的问题，即操作过程中的规范和步骤。事理层面强调如何在实际操作中实现目标，涵盖了工作流程、管理制度、策略等方面。人理指的是人、群体和关系等，关注的是系统中的人和人际关系，尤其是人类行为、组织文化、团队合作等方面。它通常回答"由谁去做"的问题，即参与者、决策者以及他们之间的关系和互动。人理层面强调的是人类因素在系统运作中的角色和影响力。总的来说，WSR方法论通过这三个层面的相互关联和整合，提供了一种多维度分析和解决复杂问题的框架，帮助研究者从不同角度理解和分析系统的行为和问题（顾基发等，2007）。WSR方法论指出，要想系统地解决一个个现实问题，需要同时考虑物理、事理和人理三个方面，并做到协调统一（顾基发等，2007）。

　　WSR方法论已经在诸多领域得到了广泛应用和发展，如人力资源开发领域利用WSR，构建了企业人力资源开发系统的物理因素、事理因素和人理因素的三维体系和绩效函数模型（佟雪铭，2008）；姬荣斌（2013）、刘家国等（2018）、柳长森等（2017）将WSR应用于风险管理和应急管理研究领域；李露凡和舒欢（2014）、徐维祥和张全寿（2000）将WSR应用于项目评价之中，从物理、事理和人理三个方面构建相应的评价指标体系。

　　随着WSR方法论的成熟与发展，部分学者逐渐将其引入知识管理领域的研究之中。陈伟和付振通（2013）、李柏洲等（2014）、刘旸等（2009）指出，在知识管理领域中，物理指的是知识属性，事理指的是组织管理、安排调度和规则制度等，人理指的是知识行为的主体和受体等。因此，本研究试图借鉴WSR的理论思想，将其应用到知识型团队成员知识隐藏行为影响因素的研究之中，深入挖掘物理、事理和人理三个类别具体由哪些关键因素构成，并厘清不同类别对高校科研团队成员知识隐藏行为的影响方式和作用路径，构建知识型团队成员知识隐藏行为影响因素的整合模型。

三、研究方法与资料收集

1. 研究方法

目前，关于在线学习社区中知识隐藏行为的影响因素的研究还处于初步阶段，研究的深度和广度尚有很大的提升空间。例如，一些学者从社会学习理论的视角出发，探讨了知识隐藏行为背后的机制。他们从行为、个体认知和环境交互作用的角度进行了分析，认为知识隐藏行为在很大程度上是个人认知与外部环境相互作用的结果。这些研究表明，个体的认知模式、对知识的价值判断以及与学习环境和他人互动的方式，都可能会深刻地影响知识隐藏行为的发生和发展。社会学习理论强调，个体通过观察他人行为、互动并学习适应环境，这种学习不仅仅来自直接的个人经验，也来自对他人行为的观察。因此，环境因素和他人行为在塑造个体的知识共享或隐藏行为中扮演着重要的角色。在线学习社区的特性，比如虚拟互动、匿名性以及信息不对称等，也加剧了这种行为的复杂性，形成了一个与传统实体组织不同的知识分享和隐藏的动态环境，进一步研究在线学习环境中的知识隐藏行为，尤其是在不同认知和环境交互影响下的复杂性，显得尤为重要（Bandura，1972；翟雪松和束永红，2019）。因此，有学者呼吁采用更多质性研究的方法对知识隐藏行为的影响因素进行深入挖掘与系统归纳，以更好地发现并解释这种行为背后的原因。扎根理论因其成熟的研究思路和流程，被证实能够有效且深入地挖掘行为或现象背后的影响因素，从而备受学者青睐（潘伟，2018）。与量化研究不同的是，扎根理论构建的理论模型是植根于实际资料，并且能够厘清各因素之间的关联关系，而不仅仅是局限于单一的理论视角或某个、某几个因素。

因此，本研究遵循扎根理论的流程和思路，采用一对一深度访谈的方式来收集原始资料，进行编码分析，并且自上而下构建在线学习社区中硕/博士研究生知识隐藏行为影响因素的整合模型。一对一深度访谈的优点在于，它为受访者提供了足够的时间来思考并充分表达他们的观点，同时访谈者可以通过观察受访者的面部表情和言语表达，深入体察他们的心理活动。这种方式不仅能够获取更为细致和真实的个人经历，还能够帮助访谈者在必要时进行引导，确保数据的全面性与深入性（王建明和王俊豪，2011）。

2. 资料收集

（1）研究对象选择。

为保证访谈对象和研究内容的适配性以及数据的质量，本研究的受访者需具备如下特征：受访者必须有一门及以上在线学习的经历，即为在线学习社区学习的亲身经历者；受访者在在线学习社区中必须经历过知识隐藏或被隐藏的行为。本研究随机抽取31名满足以上条件的在线学习者进行深度访谈，其中女生21名、男生10名，分布于教育学、心理学、管理学、文学、历史、政治等不同的学科。

在访谈前大约一周，作者通过电话或短信与受访者联系，预约访谈的时间、方式和地点，并向受访者详细阐述了在线学习社区中知识隐藏行为的定义，即在明确面临其他成员知识请求的情况下，知识拥有者故意隐瞒或掩饰知识的行为。访谈正式开始时，访谈者再次解释了知识隐藏行为的内涵，确保受访者理解研究议题。在访谈过程中，采用了变换问题角度的方式，重点了解受访者对团队成员知识隐藏动机和影响因素的看法，而非直接询问受访者自身的知识隐藏行为。通过这种方式，访谈者能够更全面地获取受访者的补充回答，从而体现其心理动态和思考过程。变换问题角度的方法有效地避免了社会称许性偏差，减少了受访者不诚实回答的可能性（王建明和王俊豪，2011）。

（2）编制访谈提纲与预访谈。

本研究通过半结构化问卷对具有代表性的知识型团队成员进行一对一深度访谈，获取相关访谈资料作为研究数据。采用理论抽样的方法，依据访谈数据浮现的理论指导，决定下一步要收集哪些资料以及从何处收集资料。样本数量的确定遵循扎根理论研究中的理论饱和原则，即当新的受访者提供的资料不再带来新的重要信息，且无法进一步提炼出新的范畴时，即视为研究已达到饱和状态（Glaser 和 Strauss，1973）。

本研究根据在线学习社区中知识隐藏行为的内涵，概括出知识隐藏现象的通俗描述，以此为基础编制了访谈提纲。访谈提纲分为两个部分：一部分涉及个人信息，另一部分涉及在线学习社区中知识隐藏的经历与感受。访谈提纲的问题包括但不限于以下几个方面。

第一，在在线学习过程中，是否曾遇到过类似情形：面对他人提出的问题或求助，自己明白答案或能够提供帮助，但因各种原因未分享自己的知识或观点。

第二，请仔细回忆这些经历，并列出相关事件的前因后果（如时间、课程名称、相关课程内容及问题，自己出于什么考虑没有分享自己的观点或见解等）。

为了进一步完善访谈提纲并提升研究团队的统一性和协调性，本研究在正式访谈资料收集之前，随机选择了 6 名受访者进行预访谈。除了访谈提纲中列出的基本问题外，研究人员还询问了受访者对基本问题的有效性及文字描述的理解，征求他们对访谈提纲的意见，并在此基础上对访谈提纲进行了修订。

（3）正式访谈。

在访谈过程中，通过清晰地陈述访谈目的并营造轻松愉快的氛围，研究人员与31名受访者建立了信任关系，正式进入了访谈阶段。本研究采用半开放式访谈，主要通过开放性问题来引导对话，研究人员可根据具体情况灵活调整问题的内容和顺序。在整个访谈过程中，研究人员非常注重提问的方式、语速和用词，始终保持客观、中立与开放的态度，尽量避免影响受访者的思路，确保获得深入和清晰的信息。每次访谈约持续一个小时。为了确保资料的准确性与完整性，在受访者同意的情况下，研究人员全程录音，并在访谈后撰写备忘录，为后续资料的转录与数据整理提供了保障。

（4）资料转录与数据整理。

每次访谈结束后，研究人员都会迅速整理录音内容、备忘录、信息本和访谈记录。在整理过程中，备忘录的整理与访谈、编码工作同步进行。研究人员会对受访者多次提及的关键概念进行初步编码，并逐步提高这些概念的抽象程度，为后续的正式编码工作奠定基础。整个资料收集过程历时26天，每次访谈的语音时长为20～60分钟，总时长达到22小时16分钟。为了确保访谈数据的有效性，本研究将访谈的完整性和针对性作为筛选标准，排除未完成、存在缺失或与研究主题关联度较低的访谈内容，最终得到了27份有效的访谈数据，经过整理后形成了约10万字的初步访谈文本资料。

（5）撰写访谈备忘录。

撰写访谈备忘录是扎根理论研究中的关键环节之一。备忘录的核心作用在于记录访谈过程中重要的内容、受访者的观点和反应，以及研究人员对这些内容的即时反思与理解。这一过程可以帮助研究人员系统化地整理研究数据，并不断推动对核心问题的深入思考。

通过分析访谈备忘录，研究人员能够梳理出研究的主要脉络、概念以及潜在的理论框架。这一分析不仅有助于形成对研究主题的初步理解，也为进一步的理论发展提供了理论线索。备忘录的持续撰写和分析是扎根理论中的循环往复过程，它可以帮助研究人员从实际访谈数据中提炼出相关的核心内容，并在此基础上逐步推动理论的生成和深化。

第三节　资料分析与理论构建

本研究使用扎根理论对 18 份（约占 2/3）访谈数据进行分析，对剩余的 9 份进行理论饱和度检验。本研究由两名研究者借助 Nvivo 12 软件分别对访谈数据进行开放式编码、主轴式编码和选择式编码。完成每级编码后，两名研究者需要对建构的核心概念、类属进行辨别，形成统一表述，以保证研究的信效度。

一、开放式编码

开放式编码（一级编码）是扎根理论中处理原始数据的第一步，也是最基础且关键的步骤之一。在这一过程中，研究者将收集到的原始数据（如访谈文本）拆分成小段落或句子，然后对这些内容进行分析，识别出其中的关键概念或信息点，并为这些概念赋予标签。其核心目标是将原始数据转化为有意义的、具备分析价值的概念。具体步骤如下。

1. 逐句或逐段拆分原始数据

首先，研究者需详细阅读并分割访谈或文本中的原始语句，找出与研究问题相关的部分。例如，在研究知识隐藏行为时，可能需要关注受访者提到的隐瞒、保留知识、避免分享等行为。

2. 概念化

在找到相关的原始数据后,研究者需要对其进行仔细分析,提炼出其中的概念。这个过程是开放式编码的关键,它可以帮助研究者从具体的、原始的数据中抽象出更高层次的概念。例如,"延迟回复"可以被概念化为"推脱"或"拖延"。

3. 赋予标签

每个提取出的概念都需要一个简洁明了的标签,用以标识该概念。这些标签是研究中后续编码和分析的基础,它们能够帮助研究者在大量的资料中识别模式、趋势或主题。通过这一过程,研究者将原始数据打散并赋予其新的意义,进而为进一步的编码和理论构建奠定基础(王建明和王俊豪,2011)。在扎根理论中,使用受访者的原始词汇或短语进行编码和提取概念是为了确保数据的真实性和避免研究者的主观偏见影响分析过程。通过这样的方法,研究者能够更好地理解受访者的思维和表达方式,同时确保编码结果能够准确地反映受访者的真实意图。

在本研究中,经过细致的逐句分析,提取了103条具有实质内容的语句,并为每条语句赋予了相应的概念,例如"担心声誉、面子受损""担心被嘲笑""担心被(群体)反驳""负面关系"等。这些概念代表了受访者在描述其知识隐藏行为时所提到的不同动机或情境。进一步的步骤是范畴化,即将相同或相似的概念进行归类,以便发现潜在的共性或模式。在这一过程中,研究者会识别出哪些概念属于同一类别,具有相似的属性。例如,所有涉及担心他人反应的语句(如"担心声誉受损"与"担心被嘲笑")可能会被归为"社会压力"这一范畴。通过这种归类方式,研究者能够更加清晰地看出不同影响因素之间的关系,并且使得理论模型的构建更加系统和有条理。在范畴化的过程中，研究者还需要剔除掉只出现一次的概念或前后矛盾的概念，因为这些概念可能不会对理论的进一步发展产生实质性影响。此步骤有助于确保分析结果的聚焦性和精确性，使得研究更具逻辑性和解释力。总体来说，通过开放式编码和范畴化的过程，本研究能够为理解在线学习社区中的知识隐藏行为提供更有深度和层次的理论框架。剔除信息量很少、不重要或矛盾的概念，能够使研究内容进一步聚焦于核心因素。最后，对提取的初始概念不断比较、进行合和归类化处理，共形成专业认同感、导师指导风格等11个独立概念，反映了本研究对原始资料进行初始概念化和类属化的过程，如表3-1所示。

表3-1 开放式编码过程（部分）

原始资料语句	开放式编码	
	初始概念化	类属化
……担心提供的信息导致错误的决定，从而影响自己的名誉	担心面子受损、有损声誉	自我效能感（A10）
……由于有过回答错误被嘲笑的经历，因此担心回答错了，又被组内成员或教师嘲笑或批评	担心被批评或嘲笑	
……担心自己说不清楚，事倍功半	担心被反驳	
……导师激励和鼓舞组内成员分享知识	导师语言鼓励	导师指导风格（A5）
……平时遇到不懂的问题，导师会及时解答	导师行为示范	
……导师对学生在工作交流、知识反馈方面很积极	导师反馈	

二、主轴式编码

主轴式编码（二级编码）是将开放式编码结果进行组织加工，挖掘范畴之间的潜在关联，发现并建立各个概念类属之间联系（主范畴）的过程，主要目的是展现资料中各个概念之间的关系（王国华，2021）。在发展主范畴的过程中，陈向明（1999）指出，不但要时刻保持对理论的敏感度，而且要灵活运用文献，从而使得原始资料、个体理解和文献形成三角互动的关系。根据主轴式编码的过程，研究者将不同的概念根据其相互关系和逻辑次序进行归类，并得出三个主范畴，即物理因素、事理因素和人理因素。这种归类不仅有助于厘清影响知识隐藏行为的不同层面，还能够结合 WSR 系统方法论框架，深入探讨这些因素是如何交织在一起，共同作用于在线学习社区中的知识隐藏行为的。

1. 物理因素

这一主范畴关注的是知识本身的属性，包含知识的自然属性（如知识的复杂性、专业性等）及其社会特征（如知识的稀缺性、共享后的成本等），这些因素会影响知识拥有者在面对他人求助时是否愿意分享知识。例如，某些高深或专有的知识可能会导致知识拥有者出于对竞争或资源控制的担忧而选择隐藏知识。

2. 事理因素

这一主范畴聚焦于团队层面的因素，特别是教学组织者或团队领导者的作用，包括组织制度、技术情境、团队氛围和领导方式等。良好的团队氛围、清晰的知识共享制度以及有效的领导方式通常能够促进知识的开放交流、减少知识隐藏行为，而不良的组织氛围和不明确的制度则可能加剧知识隐藏现象。

3. 人理因素

这一主范畴涉及的是知识互动双方——知识寻求者和知识拥有者之间的关系，具体因素包括知识寻求者的动机和能力、问答的过程性、知识拥有者的个性特征、自我效能感以及他们之间的互动质量等。良好的人际关系、信任和尊重能够促进知识共享，而缺乏信任或沟通障碍则可能导致知识隐藏行为的发生。

通过主轴式编码的归类，可以更系统地分析和理解知识隐藏行为的多维度因素，进一步揭示影响知识隐藏行为的层次结构。借助 WSR 方法论的框架，本研究不仅能从不同角度呈现这些因素，还能帮助构建出更全面的理论模型，用以解释在线学习社区中的知识隐藏行为。主轴式编码的结果如表 3-2 所示。

表 3-2 主轴式编码结果

主范畴	对应范畴	关系内涵
物理因素	知识自然属性	知识的复杂性、内隐性和嵌入性等固有的自然属性会导致知识拥有者不易表达和展示知识
	知识社会特征	知识拥有者对知识所有权的主观判断，认为知识所有权是属于个人所有（"我的知识"）还是公共所有（"我们的知识"）
事理因素	技术环境	硬件设备、网络网速、操作灵活性、在线学习平台对设备的要求等
	团队氛围	团队内部是形成了良性的知识共享氛围和公平公正氛围，还是形成了不良的竞争氛围
	导师指导方式	导师的行为示范、语言和反馈方式是属于促进型还是防御型

续表

主范畴	对应范畴	关系内涵
人理因素	知识寻求者动机	知识寻求者对知识学习的动机会影响知识隐藏行为
	知识寻求者能力	知识寻求者的学习、理解或动手等能力越低，知识拥有者越可能隐藏知识，从而避免时间和精力的浪费
	人格特质	知识拥有者的亲和性、尽责性、谨言慎行、自私自利或功利主义等人格特质会影响其知识隐藏行为
	规避损失	知识拥有者为了规避自身利益损失、知识权力损失或被替代等，会选择隐藏知识
	自我效能感	知识拥有者对自身知识正确性和无误性的信心会影响知识隐藏行为
	双方人际关系	知识寻求者和知识拥有者双方的人际关系强度、人际互惠和人际信任等会影响知识隐藏行为
	专业认同感	知识拥有者对专业未来发展的信心会影响知识隐藏行为

三、选择式编码

选择式编码（三级编码）是通过梳理独立概念、副范畴、主范畴之间典型的联结关系，从主范畴中确定核心范畴的过程，并以"故事线"的形式描述行为现象的脉络条件，完成"故事线"后实际上也就发展出了新的实质性理论框架，目的在于明确各个范畴之间的逻辑关联。通过对各级编码的分析，本研究将核心范畴确定为"在线学习中知识隐藏行为的形成机理"。确定核心范畴后，本研究使用 Nvivo 12 软件结合备忘录更进一步地挖掘主范畴与副范畴之间的关系，并探索各关键要素之间的结构关系（见表3-3），形成描述核心范畴的"故事线"：物理因素、事理因素和人理因素对在线学习社区中成员的知识隐藏行为有着重要影响；物理因素是知识隐藏行为的远端前置因素，事理因素是知识隐藏行为的外部驱动因素，人理因素是知识隐藏行为的内部驱动因素；物理因素和事理因素通过人理因素的间接作用而影响知识隐藏行为（中介机制）；事理因素还起到情境边界条件的作用（调节机制）。以此"故事线"为基础，本研究构建和发展了一个全新的整合性理论框架，称之为"在线学习社区中成员的知识隐藏行为影响因素的整合模型"（物理/事理/人理—知识隐藏模型，简称 WSR-KH），如图 3-2 所示。该模型中，W 代表物理因素，S 代表事理因素，R 代表人理因素，KH 代表知识隐藏行为。

表 3-3　各关键要素之间的关系结构

关系结构	内涵
物理因素——知识隐藏行为	物理因素会对知识隐藏行为产生重要影响，属于远端前置因素
事理因素——知识隐藏行为	事理因素会对知识隐藏行为产生重要影响，属于外部驱动因素
人理因素——知识隐藏行为	人理因素会对知识隐藏行为产生重要影响，属于内部驱动因素
物理因素 —— 人理因素 —— 知识隐藏行为	物理因素通过人理因素而间接影响知识隐藏行为（中介机制）
事理因素 —— 人理因素 —— 知识隐藏行为	事理因素通过人理因素而间接影响知识隐藏行为（中介机制）
物理因素——事理因素——人理因素——事理因素——知识隐藏行为	事理因素是知识隐藏行为的边界情境条件（调节机制）

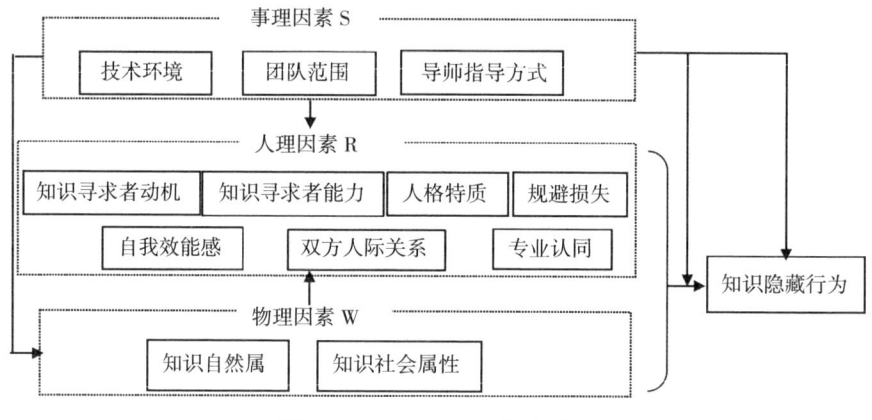

图 3-2　WSR-KH 整合模型

四、理论饱和度检验

本研究对 9 份预留样本的理论饱和度进行检验，并按照扎根理论进行预留资料的多级编码，未发现有新的独立概念和典型关系出现，说明在线学习社区中知识隐藏行为影响因素的理论框架已基本达到饱和状态。

第四节 模型解释与研究结论

基于以上分析，本研究构建的 WSR-KH 整合模型可以有效地阐释知识型团队成员知识隐藏行为的影响因素及其作用路径。具体来说，知识型团队成员知识隐藏行为的影响因素可以概括为三个主范畴，即物理因素、事理因素和人理因素，这三个主范畴对知识隐藏行为的作用方式和路径并不一致。

一、物理因素对知识隐藏行为的作用方式和路径

物理因素是指与知识属性有关的因素，包含知识自然属性和知识社会属性两个因子。知识自然属性指知识本身固有的客观属性，与知识拥有者的主观意识无关，知识自然属性体现为知识的复杂性、内隐性和嵌入性等；知识社会属性指个体对知识所有权的主观意识判断（金辉，2014），包含"感知的个人知识所有权"和"感知的组织知识所有权"两个方面。Raisinghani 等（2016）从"知识是属于公共物品还是私人物品"的视角对知识的社会属性进行了界定。金辉（2014）认为，在法律层面上，虽然部分知识（如专利、版权等）可以被明确归类为私有或公共资源，但在实际的组织环境中，这类可界定的知识仅占很小一部分。大量知识依附于个体，尤其是隐性知识，使得知识所有权的界定变得模糊。个体对知识归属的认知往往依赖于主观判断，而非法律或组织规章。本研究通过深入访谈发现，高校科研团队成员对自身知识归属的

认知主要包括以下两类：一类是"个人所有"（我的知识），认为知识是个人独立研究、经验积累或实践探索的成果，具有个人独占性，可能担忧知识被他人利用、滥用或未经许可传播，因此更倾向于隐藏知识。例如，研究人员可能不愿意公开关键技术细节，以避免竞争对手捷足先登。一类是"公共所有"（我们的知识），认为知识属于团队或组织的共同财富，应当在成员间共享，以促进整体进步。这种认知更常见于合作氛围浓厚、成员信任度较高的团队。例如，导师可能会鼓励团队成员共享研究经验，以提升整体科研效率。本研究发现，个体对知识归属的认知会影响其知识共享或隐藏的倾向。当个体更偏向"个人所有"认知时，知识隐藏行为更可能发生，而当个体更倾向于"公共所有"认知时，知识共享的意愿通常较高。

物理因素是影响在线学习社区成员知识隐藏行为的远端前置因素，其影响主要通过人理因素的中介作用间接发生，即作用路径可概括为"物理因素 W—事理因素 S—知识隐藏行为 KH"。从知识自然属性来看，知识的可共享性、易得性和复杂性等特征直接影响其传播难度。一般而言，显性知识较容易表达和共享，而隐性知识由于难以言传或需要特定情境支持，往往更难进行有效交流。知识的内隐性、嵌入性等特征降低了学习者分享知识的意愿，尤其是对于复杂性高、难以言传、需要额外资源投入的知识，分享过程可能会消耗大量时间、精力或其他成本，因此知识拥有者更倾向于隐藏这些知识。例如，有的受访者表示："如果某项知识过于复杂，难以用语言清晰表达，可能需要大量时间讲解，甚至需要借助图示说明，这会变得非常麻烦。"因此，在实际学习过程中，部分成员可能会选择应付了事，甚至假装自己也不会，以避免额外的时间和精力投入。研究发现，在学习型组织中，知识隐藏行为的发生概率要远高于知识共享，尤其是当知识较为复杂，且难以清晰表达和传播时，知识隐藏的可能性会显著增加。因此，在知识难以准确传递的情境下，知识拥有者往往会采取更为保守的态度，选择隐藏知识。

在知识社会属性方面，知识拥有者对知识所有权的感知存在差异，通常表现为"我的知识"或"我们的知识"两种认知。这种所有权感知会影响个体的损失规避意识，从而间接影响其知识隐藏行为。例如，部分受访者表示："如果我的知识是通过自身努力和资源获取的，而未借助外部支持，我会更倾向于认为这属于我的个人知识""共享个人私有知识可能会导致自身利益受损"。而另一些受访者则认为："如果这项知识是通过学校提供的资源获得的，或者是团队培训学习的成果，我会认为它属于团队或组织成员共享，分享这些知识不仅有助于集体进步，还能让我更好地理解他人的观点，从而加深对知识的认知"。Trenck（2016）也指出，拥有组织稀缺的私有知识会让知识拥有者产生"知识领地"心理，从而为了避免"知识领地"损失而隐藏知识。

二、事理因素对知识隐藏行为的作用方式和路径

在制度技术情境方面，健全的激励机制和高效的技术平台能够增强学习者分享知识的动力，为知识交流提供便利条件，并降低交流成本，从而减少知识隐藏现象。这一影响路径遵循"事理因素—人理因素—知识隐藏行为"的逻辑，即团队的制度安排、领导风格和氛围等因素，通过影响个体的心理和行为，进而对知识隐藏行为产生间接影响。

技术情境是影响在线学习者知识交流行为的重要因素，包括硬件设备、网络速度、激励和限制措施等方面，同时也涉及搭建合适的平台以促进知识互动。不同于传统面对面的知识交流，在线环境为学习提供了

更大的自由度，但也增加了交流的不确定性和难以管理性。低质量的技术环境可能成为知识隐藏行为的诱因，例如访谈中提到的"有时候网络信号不好……交流起来很麻烦""平台不好用，就懒得分享自己的观点"等，这表明技术条件的不足会直接削弱知识分享的意愿。

交流的便捷性是影响在线学习者知识交流行为的重要因素，体现了学习环境对知识共享的支持程度，包括沟通障碍、共享流程的烦琐性以及在线学习环境的延时性等方面。在线学习环境的开放性、异步性和低约束性，使得知识隐藏变得更加容易，如有些受访者提到的"交流不方便，干脆假装没看见别人的问题""交流太麻烦了，索性就不分享了"等，这表明交流的便捷性直接影响了学习者的知识共享行为。

此外，交流的可控性同样是影响在线知识交流的关键因素，它反映了学习者对交流内容和进度的掌控程度，包括线上协作的不确定性、环境差异性以及网络传播中的认知误差等问题。在访谈中，不少受访者提到"线上合作任务的完成效果不佳，小组成员可能无法按时完成任务""还是面对面交流更有效"等，这种对交流不可控的感知，往往会促使学习者倾向于隐藏自己的知识，以减少可能带来的风险或困扰。

团队氛围反映了团队内部知识共享的整体环境，包括积极的共享文化和公平公正的氛围，以及消极的竞争与政治氛围。在一个鼓励知识共享和公平公正的团队环境中，成员之间更容易建立信任关系，促进知识流动。相反，如果团队中弥漫着派系斗争、过度竞争或复杂的政治关系，则成员之间可能会产生防备心理，降低对他人的信任，最终导致知识隐藏现象的发生。例如，一位受访者就提到："如果团队内部充满勾心斗角，成员之间有派系之争，那我只会选择和关系亲近的人分享信息，而对其他人保持警惕。"

在关键事件访谈分析中，研究者注意到受访者的表达中经常出现

"如果别人……我也会……""如果……需要，我会尽量……"等句式，这表明在线学习者的知识隐藏行为与社区氛围密切相关。进一步分析访谈记录后可以发现，团队氛围对知识隐藏行为具有显著的负向调节作用，即团队氛围越积极，成员隐藏知识的倾向越低；反之，负面的团队氛围则可能加剧知识隐藏现象。钟熙等（2019）认为，积极的知识交流氛围为学习者之间进行知识交流提供了良好的组织情景。周霞和赵冰璐（2019）指出，即使在线学习者在学习过程中面临较低的学习绩效或对知识的有用性感知不足，积极的知识交流氛围仍能有效减轻这些消极因素的影响。换言之，当学习环境鼓励开放交流和知识共享时，即便学习者感到自身学习成果有限或对所学内容的实际价值存疑，他们依然更愿意参与知识互动，而不是选择隐藏知识。因此，可以得出这样的结论：积极向上的知识交流氛围对学习者的知识隐藏行为具有显著的负向调节作用，即氛围越积极，知识隐藏的可能性越低。

导师的指导方式包括领导者的行为示范、语言表达及反馈方式，这些因素可分为促进型和防御型两种类型。当导师采用促进型指导方式时，他们不会仅以绩效表现作为评价学生的唯一标准，而是更加关注学生的归属感以及对团队目标的认同感，从而建立起较高的效益信任。促进型导师倾向于采用变革型指导风格，鼓励团队探索未知领域，积极获取新信息和知识。因此，他们通常不会因担心学生通过信息整合和分析影响自身利益而限制知识共享。在这种指导的风格下，团队成员之间的知识信任程度较高。此外，变革型导师还注重培养团队内部的情感纽带，增强成员间的认同感和信任感，从而进一步促进知识共享和合作。

首先，变革型指导风格更加包容学习者的个性化需求和发展方向，从而降低学习者之间的竞争压力。当线上学习社区的讨论能够围绕不同学生的兴趣点展开时，学习者的分享意愿会增强。此外，当导师更关注学生的个性化成长，而非采用统一的奖惩标准进行衡量时，学生会对组织的相关措施和评价体系产生更强的公平感和归属感，从而减少知识隐藏行为的发生。

其次，在变革型指导风格下，知识的传递不再是单向输出，而是通过营造良好的学习环境来激发学习者的智力潜能。在预设的学习情境中，学习者更容易被环境的情境性吸引，从而主动进行交流与知识分享。

最后，感召力在维持人际信任方面发挥着关键作用。根据班杜拉社会学习理论中的观察学习理论，学生会通过观察导师的语言和行为，归纳出一定的规则或行为模式，并相应地调整自身行为。当导师致力于营造公平、公正、富有创新性和归属感的组织氛围时，团队成员之间的知识共享意愿会增强。也就是说，导师的感召力能够促进学习者之间的信任关系，从而削弱知识隐藏行为。

当导师展现出变革型指导风格时，团队成员通常会培养起一种"学习与发展"的心态，进而激发学生的工作热情并促使其产生有益于团队进步的行为。然而，如果导师表现出防御型风格，强调绩效得失、重视损失，而忽视学生的内在动力，团队成员则可能更多地表现出"防范"和"避免犯错"的心态，这种环境会抑制成员之间的自由交流，阻碍团队内部信任的建立，从而容易引发更多的知识隐藏行为。例如，一名受访者提到："导师的领导风格对团队有很大的影响。如果导师只关注有无损失，并强调绩效得失，那么学生往往处于服从的地位，彼此之间会表现出防御性行为；相反，如果导师关注改变外部环境，关心学生的学习体验和感受，并通过这种潜移默化的方式帮助学生树立学习目标和明确学习方法，这样的领导方式会显著降低知识隐藏的发生。"

另外，任务安排的设计也会影响知识共享的行为。如果团队成员之间的任务互相关联且彼此可见，那么这种任务依存性和可见性能够增强成员之间的相互理解和信任，进而减少知识隐藏行为。而如果团队成员的工作较为独立，彼此间缺乏合作，就可能增加人际间的距离，导致更多的知识隐藏行为。例如，一位受访者提到："如果某项知识技能是团队成员共同完成任务的关键，那么知识拥有者会更愿意与他人分享知识。"

事理因素在知识型团队中发挥着重要作用，它能够调节物理因素和人理因素对知识隐藏行为的影响强度或方向。因此，事理因素被视为知识隐藏行为的边界情境条件。具体而言，事理因素包括团队的制度安排、领导方式、团队氛围等，它们决定了团队成员之间的互动模式、知识共享的动机以及彼此之间的信任程度。当事理因素较为积极时，例如团队有良好的激励机制和开放的沟通环境，则能够有效地减少知识隐藏行为。而如果事理因素呈现负面情况，例如存在竞争性强或不信任的团队氛围，则成员可能会选择隐藏自己的知识以避免被剥削或遭受损失。

事理因素能够在"物理因素—人理因素"作用路径中发挥调节作用，进而间接影响知识隐藏行为，这种调节作用表现为"被调节的中介作用"。例如，有的受访者提到："我们导师带领的团队，每周周一晚上都会开组会，专门探讨一周学习中遇到的疑难问题，组内成员会讲解本周学到的复杂的技术，这样讲解的人都有足够的时间把问题说清楚，同样，大家也能消化吸收。"这表明，当团队拥有良好的技术环境和充分的支持时，导师为成员提供充足的时间和机会去讲解和理解复杂知识，能够减轻知识自然属性中的"知识复杂性"对成员"规避时间成本"的影响，从而有效降低知识隐藏行为的发生（潘伟，2018）。Huo（2016）也指出，当团队成员的任务安排具有高度互依性时，有助于减弱知识个人所有权感知对"知识领地"损失的担忧。由于在这种情况下，团队成员必须依赖对方的知识和合作才能顺利完成工作任务，因此，知识分享带来的好处要远大于隐藏知识所带来的损失，即团队成员之间的"任务互依性"能够调节知识社会属性与规避损失之间的关系，从而间接减少知识隐藏行为的发生。此外，事理因素还能够调节人理因素、知识隐藏行为之间的关系强度和方向，表现为"调节作用"。例如，有的受访者提到："在相互竞争的环境下，彼此肯定会对对方有所保留，为了保证自己的利益，很可能会隐藏知识。"这表明，团队中的竞争氛围能够加强团队成员在面对利益损失时选择隐藏知识的倾向，即团队氛围能够调节规避损失与知识隐藏行为之间的关系。同样，（Huo（2016））的研究还发现，当团队成员处于公平、公正的团队氛围中时，个体的"知识领地性"与知识隐藏行为之间的关系较弱，而当个体处于不公平的团队氛围时，"知识领地性"与知识隐藏行为之间的关系则较强。这表明，事理因素作为团队层面的外部驱动因素，能够显著影响知识型团队成员的知识隐藏行为。具体来说，团队氛围的公平性和公正性会调节个体对"知识领地"的敏感度，进而影响其是否选择隐藏知识。

三、人理因素对知识隐藏行为的作用方式和路径

人理因素是指在知识互动中涉及的知识寻求者与知识拥有者之间的各类因素，包括知识寻求者的动机、能力、人格特质、规避损失的心理、自我效能感以及双方的关系和专业认同感等，这些因素构成了影响知识隐藏行为的内部驱动因素。在高校科研团队中，团队成员之间的相互关系、动机和认知等方面的差异会直接影响其知识共享或隐藏的行为。具体来说，知识寻求者的动机和能力以及与知识拥有者之间的信任和合作关系，都会在一定程度上影响知识隐藏行为的发生。同时，成员

的人格特质和自我效能感也在一定程度上决定了他们在团队中的知识互动行为。

知识寻求者的动机和能力是影响知识隐藏行为的重要人理因素。知识寻求者的动机包括获取现有知识的愿望、利用知识的目的以及机会主义的动机。若知识拥有者察觉到知识寻求者拥有不利的动机，例如仅仅为了获取便捷的知识而不愿投入时间与精力进行深入探索时，知识拥有者可能会选择隐藏知识，以避免自己的知识被轻易利用，而自己不获得相应的回报。例如，有的受访者提到："组内成员中，总有一些不能够静下心来刻苦钻研，他们总是投机取巧，想捡现成的知识，不愿意自己花费时间钻研，他们是不乐意帮助这种人的。"这表明，知识寻求者的不当动机会使知识拥有者产生防备心理，从而对知识进行隐藏，以避免其知识被不当使用或无偿利用。Fang（2017）的研究也同样佐证了这一研究发现，知识寻求者的机会主义动机和利用动机会加剧知识拥有者的担忧心理，进而促使他们选择隐藏知识。若知识寻求者的行为表现为以自身利益为中心，缺乏真诚的学习和分享意图，知识拥有者就更倾向于保护自己的知识不被滥用，尤其是在有机会主义行为的情况下，知识隐藏的行为更加明显。此外，知识寻求者的能力也是影响知识共享的关键因素。当知识寻求者的学习能力较弱或动手能力不足时，知识拥有者可能会感到自己分享知识的成本过高，特别是在觉得对方难以有效吸收或应用所提供的知识时。例如，有的受访者提到："有的人平时给人的印象就是不会举一反三，学东西很慢，那么当他/她向组内其他成员寻求知识的时候，大概率会碰壁。"这反映出，当知识寻求者的能力不强时，知识拥有者可能会因为预见到分享的效果不佳而选择隐藏知识，以节省自己的时间和精力。

在人理因素中，知识拥有者的人格特质是影响知识隐藏行为的重要因素之一。人格心理学表明，个体的行为受其人格特质的显著影响，而这一点在本研究的访谈中得到了证实。具体来说，具有亲和型和尽责型人格特质的人，会更倾向于分享他们的知识。这些个体通常具有较强的同情心和责任感，愿意主动帮助他人解决问题。因此，他们在社区中更容易提供他人所需的知识。相反，具有黑暗人格特质（如自私自利、谨慎言行、傲慢或功利主义等）的个体则更可能选择隐藏知识。这类个体关注自己的利益，通常会评估知识分享的长期回报。当他们认为对方无法为自己带来利益时，他们可能会拒绝分享知识，甚至装作不知道或忽视他人的需求。例如，有的受访者提到："功利主义者更关注知识分享在将来能否带来好处；如果他们认为你对他们没有帮助，就会拒绝分享知识。"这些发现与大五人格特质理论和黑暗人格特质的相关研究一致。大五人格特质理论中的亲和型人格特质指的是个体倾向于展现出合作、宽容、支持他人以及避免冲突等行为特征。具有这种人格特质的个体通常有较强的社会性动机，表现出更高的公共关系导向动机。这类个体不仅在社会互动中追求和谐与共融，还会主动关心他人的需求，帮助他人解决问题，倾向于合作和分享。例如，亲和型人格特质较强的人通常更愿意与他人合作，分享知识和经验，并对他人的感受和需求表现出较高的同情心和关怀。因此，在知识共享的情境下，这类个体可能更倾向于传授自己所掌握的知识，以促进团队或群体的共同发展（Barrick等，2013）。具有尽责型人格特质的个体通常呈现出任务目标导向动机。这类个体更加关注个人或团队目标的实现，具备较强的自我管理能力，并严格遵守社会规范和行为准则。他们通常表现出高度的责任感、条理性、坚持性和对细节的关注，愿意为实现目标付出努力和时间。在团队或组织中，具有尽责型特质的个体通常会更积极地为团队任务的顺利完成做出贡献，并且会主动承担责任，以确保任务的高效执行。由于他们倾向于注重目标和结果，因此在知识共享和协作过程中，尽责型个体往往表现得更加专注于任务的完成，可能会主动分享对任务有帮助的知识，确保团队成员都能得到所需的信息和支持（Barrick 等，2013）。同样，Wang 等（2014）的研究也发现尽责型人格能够增强员工的社会认同感，从而减少对团队成员的知识保留（Paulhus 和 Williams，2002）。因此，在面临他人知识寻求的时候，具有黑暗人格特质的个体会更多地倾向于隐藏知识。同样，心理学的相关研究也发现自私自利等黑暗人格特质与拒绝帮助、不合作行为呈现正相关关系（Paal 和 Bereczkei，2007；Smith 等，2015）。

规避损失是指知识拥有者在面对知识共享决策时，可能会考虑到与共享知识相关的潜在风险和损失。例如，提供知识可能导致其自身的竞争优势或权力减弱，或者被其他人取而代之。为了避免这些潜在的负面后果，知识拥有者会倾向于隐藏知识。在组织中，个体掌握的关键知识通常被视为其在组织内生存和发展的核心资产。对于那些拥有重要知识的人来说，这些知识往往能够为其带来更大的影响力、更多的议价权力和组织资源。如果这些知识被共享或传递给他人，就可能会削弱个体的竞争力，导致他们失去在组织中的主导地位或资源。因此，出于规避损失的考虑，知识拥有者可能会选择隐瞒或限制对外分享其知识，以保持其在组织中的优势地位。例如，有的受访者提到："如果我分享了这些重要的知识，可能就会失去我在团队中的优势位置，别人可能会替代我，或者让我失去对这个领域的掌控权。因此，我宁愿选择隐藏这些知识。"这种出于规避损失的动机是知识隐藏行为发生的重要原因（Evans 等，2015）。确实，在团队中分享知识虽然不会直接减少个体的知识存量，却可能增加个体在团队中的可替代性。当其他成员掌握了相同或类似的知识时，个体的独特性和对团队的不可替代性就会受到威胁。在这种情况下，知识拥有者可能就会感到自己的独特价值被削弱，从而失去某些在团队中的重要地位或影响力。尤其是在高度依赖知识和技能的工作环境中，个体的专业知识和技能往往是他们在团队中的核心竞争力。如果这些知识被广泛传播和共享，其他成员能够掌握并应用这些知识，那么知识拥有者的"稀缺性"就会降低，他们的相对价值和影响力也可能因此下降。为了避免这种可能的损失，知识拥有者可能会选择隐瞒或限制自己的知识分享，以维持其在团队中的独特性和重要性。例如，一位团队成员可能会认为："如果我教会其他人这些关键技能，他们也能做得像我一样好，那我在团队中的不可或缺性就会被削弱，最终可能会影响到我的晋升或奖励。"这种对可替代性的担忧通常是知识隐藏行为的重要动因（Bock等，2005）。正是如此，个体出于规避损失的心理往往会选择隐藏知识。受访者提到的"教会徒弟，饿死师傅"或"留一手"的想法，实际上体现了他们对未来可能带来利益损失的担忧。在知识共享的过程中，知识拥有者可能会担心将知识传授给他人后，自己在团队中的独特性、话语权或影响力将受到削弱，甚至可能面临被取代的风险。因此，出于对自身利益的保护，知识拥有者可能会故意限制或隐藏一些重要的信息和技能。这种行为反映了知识所有者在面对潜在的利益损失时，会倾向于采取更加保守的态度。通过隐藏知识，个体可以确保在团队中的竞争力和不可替代性，避免因知识共享而导致的利益被削弱。因此，规避损失是知识隐藏行为的一种重要心理动因，尤其是当团队中知识是个体竞争力和资源获取的关键时。

　　自我效能感指知识拥有者对知识的准确性和无误性的信心，低知识效能感的人很可能会出于避免误导他人的原因而选择隐藏知识。这一研究发现可以用班杜拉（1997）提出的社会认知理论进行阐释。自我效能感和结果预期在个体行为中起着至关重要的作用。高自我效能感的个体对自身能力充满信心，他们相信自己的行为能够带来积极的结果，因此更倾向于积极分享知识。而低自我效能感的个体则往往对自己的能力产生怀疑，认为自己可能无法有效传递知识或担心自己的分享会导致负面后果，这样就会抑制他们的分享行为。例如，当知识拥有者的自我效能感较低时，他们可能会对知识分享产生不安，担心自己的知识可能已经过时或不够准确。正如有的受访者所说，"有时候别人发帖询问，虽然我以前用到过这个知识，但我很担心因为长时间不接触，记忆模糊，给人讲错就不好了。"这种担忧源于对结果的预期不明确或负面预期，从而导致他们选择隐瞒或不分享知识。因此，低自我效能感可能使得知识拥有者在面对分享时产生焦虑和自我怀疑，进而导致知识隐藏行为的出现。相反，当个体感到自己有足够的能力，并对分享的结果有信心时，他们会更倾向于主动共享知识，从而提升团队的知识共享氛围。

在教育领域，专业认同感通常指学生对自己所学专业的认同感以及愿意为该专业付出的努力，这种认同感能够促使学生承担起知识传播的责任和使命。专业认同感较强的学生往往会主动分享所学知识，他们会把自己作为知识的传递者，并希望在自己的职业生涯中为学术领域做出贡献。然而，对于那些专业认同感较低的学生来说，他们可能会更多地专注于保护个人的学术优势和知识产权。这种学生可能会避免与他人分享自己掌握的知识，尤其是当他们感到分享知识可能会导致个人权力和地位的削弱时。低专业认同感的学生，往往会产生"知识领地"心理，将自己所获取的知识视为个人的资源，而非集体共享的资产。由于知识积累和新知识的发现通常是一个长期且充满偶然性的过程，因此专业认同感较低的学生往往会对自己所掌握的知识产生情感上的归属感，这进一步促使他们对知识产生控制欲，并选择隐瞒这些信息。尤其是在在线学习社区中，知识的传播同样会影响到权力的分配，低认同感的成员可能会因此选择隐藏或操控信息，以避免知识的传播带来自身的权力流失（姜荣萍和何亦名，2014）。因此，他们可能会有意隐瞒关键知识，甚至通过误导他人来维护自己的地位。

第五节　理论贡献与管理启示

一、理论贡献

本研究通过应用关键事件访谈法和扎根理论，深入探讨了在线学习社区中知识隐藏行为的影响因素，并建立了相关的理论框架与形成机理模型。通过自下而上的研究方法，详细分析了物理因素、事理因素和人理因素等不同主范畴影响知识隐藏行为的路径及其机制。研究表明，在线学习者的知识隐藏行为受多方面因素的影响，包括学习环境的物理特征（如技术平台和工具）、团队的组织氛围（如团队内部的协作与竞争）以及个体的人际因素（如知识寻求者和知识拥有者之间的信任、动机和认知）。理解这些因素及其相互作用，有助于揭示知识隐藏行为的内在机制。此外，本研究还为在线学习社区的建设和在线教学活动的开展提供了实践指导，特别是在如何减少在线学习者的知识隐藏行为方面，提出了多种对策。通过构建更加开放、包容和互动的学习环境，鼓励成员之间的知识共享，可以有效降低知识隐藏行为的发生率，进而提升在线学习社区的整体知识管理效率。总的来说，如何减轻在线学习者知识隐藏行为带来的负面影响，已成为当前在线学习社区知识管理研究的核心议题，解决这一问题不仅对提升学习者的学习效果和团队的合作效率有重要意义，而且能够推动在线学习社区的可持续发展。

本章的研究成功构建了知识型团队成员知识隐藏行为影响因素的 WSR-KH 整合模型，为知识隐藏研究提供了理论基础，并为后续的定量研究打下了坚实的基础。通过深入分析访谈数据并结合"物理－事理－人理"系统方法论，本章提出了一个多层次的分析框架，将知识型团队成员知识隐藏行为的影响因素归纳为三个主范畴：物理因素、事理因素和人理因素。

这一框架不仅丰富了现有的知识隐藏研究文献，还为未来的研究提供了新的视角。知识隐藏是知识管理领域的新兴研究方向，尤其是在教育领域的研究尚处于起步阶段。大部分现有研究集中于从某个特定的理论视角出发，探讨某一因素或多个因素如何影响团队成员的知识隐藏行为。然而，本研究的独特之处在于它从系统的角度出发，综合考虑多个层面的因素，强调物理因素、事理因素和人理因素相互作用的重要性，这种全面的分析为理解知识隐藏的复杂机制提供了全新的理论框架。"物理－事理－人理"系统方法论的核心思想是：要理解某一行为或现象的产生原因，必须综合考虑物理、事理和人理三个层面的因素。这一方法论能够帮助我们从宏观上把握知识隐藏行为的形成机制，避免了单一视角的局限性。通过这种全面的分析，研究揭示了各个因素如何通过相互作用共同影响知识隐藏行为，从而为解决相关问题提供了有效的理论支持。

本研究揭示了不同主范畴（物理因素、事理因素、人理因素）对在线学习社区中成员知识隐藏行为的影响方式和作用路径，并分析了它们在知识隐藏行为形成过程中的作用机制。物理因素作为知识型团队成员知识隐藏行为的远端前置因素，其主要作用是通过人理因素的中介作用，对知识隐藏行为产生间接影响。这表明，物理环境（如技术支持、学习平台设计等）虽然是影响知识隐藏行为的一个重要因素，但它的影响通常不是直接的，而是通过对个体认知、情感以及人际关系的影响间接作用于知识隐藏行为。具体的作用路径可以表述为"物理因素 —人理因素—知识隐藏行为"。事理因素则作为知识型团队成员知识隐藏行为的外部驱动因素，对团队成员的知识隐藏行为有着重要影响。事理因素主要通过两种方式影响知识隐藏行为：一方面，它通过人理因素的中介作用，间接影响知识隐藏行为，作用路径为"事理因素—人理因素—知识隐藏行为"；另一方面，事理因素还在物理因素、人理因素与知识隐藏行为之间起到了情境边界的作用，意味着它在不同情境下对这些因素之间的关系起到调节作用。人理因素被认为是知识型团队成员知识隐藏行为的内部驱动因素，并且是知识隐藏行为产生的近端前置因素。人理因素直接影响团队成员的知识隐藏行为，因为它涉及个体动机、能力、人格特质等心理和行为因素。人理因素在知识隐藏行为的形成过程中起到了决定性作用，是影响知识隐藏行为最为直接和强烈的因素。总的来说，物理因素、事理因素和人理因素在知识隐藏行为中的作用路径呈现出复杂的互动关系。物理因素主要通过人理因素影响知识隐藏行为，事理因素既通过人理因素间接作用，又在不同情境下调节其他因素的作用，而人理因素则是直接影响知识隐藏行为的最关键因素。这些发现为理解在线学习社区中的成员知识隐藏行为提供了一个系统的框架，也为今后相关领域的研究和实践提供了理论支持。

因此，本章的研究将"物理－事理－人理"系统方法论延伸和应用到知识隐藏研究领域，不仅为知识隐藏的理论体系增添了新的内容，而且为今后在教育领域中开展知识管理研究提供了有益的启示，尤其是在如何处理和减少团队成员之间的知识隐藏行为方面，具有重要的实践意义（顾基发等，2007）。

二、管理启示

本研究旨在深入挖掘在线学习社区中知识隐藏行为的影响因素，并将其归纳为物理因素、事理因素和人理因素三个主范畴。研究发现对于事前预防和削减知识隐藏行为的发生具有一定的管理启示，总结起来可以概括为"知物理、明事理、晓人理"。

1. 知物理

在高校科研团队中，"知物理"不仅是指知识的自然属性，还涉及如何根据这些属性有效地管理和使用知识，以提升团队的整体知识分享效率和减少知识隐藏行为。

对于知识寻求者来说，他们在向知识拥有者寻求帮助之前，需要对所需知识的复杂性、隐性或显性属性以及是否嵌入特定工具或系统中的知识特性有所了解。例如：如果所需知识具有复杂性，则寻求者应选择在合适的时机进行询问，以避免占用知识拥有者繁忙的工作时间；如果知识属于隐性知识，则寻求者可能需要更多的互动和实践，借助更长的学习周期来获得这些知识。对于嵌入性知识（如在特定工具或机器中的知识），寻求者需要明确这一知识如何被提取、表述及转化为显性形式，以便于学习和应用。通过理解知识的不同类型和属性，知识寻求者能够调整自己的学习策略，选择合适的时机和方式来减少对他人时间和精力的占用，从而提高知识获取的效率和成功率。

对于科研团队管理者来说，一是他们应根据知识的复杂性、隐性、显性等属性，采取相应的措施进行知识的整理、存储和共享。具体做法包括：对复杂性知识进行碎片化处理，将知识分解为更易理解和传递的小部分；将隐性知识转化为显性知识，通过文档、图表、流程等方式将知识系统化，使其易于传播和共享；对嵌入性知识进行书面化处理，例如通过创建技术文档或手册，使得非专业人员也能理解和应用相关知识。二是应建立有效的激励机制。管理者可以通过建立激励机制，促进团队成员分享知识并减少知识隐藏行为。例如采用知识产权契约，明确知识的共享和保护规则，激励成员主动分享知识，同时避免因担忧失去权力或利益而隐藏知识。这种机制有助于减少知识隐藏行为，提高团队成员之间的信任度。

综上所述，"知物理"不仅是对知识属性的理解，也是管理者和成员如何利用这些属性来优化知识的获取和共享过程，以减少知识隐藏行为、提升团队整体效能的关键（赵健宇等，2015）。

2. 明事理

"明事理"的核心在于指导员或团队领导者通过明确规则和建立合适的环境来引导成员行为。在团队中，尤其是知识型团队或学习型团队，明确的规则和良好的制度设计对减少知识隐藏行为具有至关重要的作用。以下是一些具体措施，可以帮助减少学习者或团队成员的知识隐藏行为。

（1）建立良好的规章制度与技术平台环境。

一是明确团队或组织中的知识管理规则，包括知识共享的奖励机制和隐瞒行为的处罚措施。这可以帮助团队成员明确知识共享的重要性，减少信息隐瞒的动机。

二是提供方便的技术工具和平台，如知识管理系统、协作平台等，使团队成员能够便捷地共享和获取知识，降低因操作不便或沟通障碍而产生的知识隐藏行为。

（2）营造积极的团队氛围。

一是信任与支持。领导者应该注重打造一个互相信任的团队氛围，通过正面的反馈和激励机制，减少成员之间的竞争压力，使成员在知识分享时能感受到安全感，而不是担心因分享知识而失去优势。

二是鼓励合作而非竞争。要尽量避免过度竞争的氛围，增强团队成员之间的合作意识，通过设计合作性较强的任务，促进成员之间的知识交流。

（3）采取变革型指导方式。

一是变革型领导能够鼓励团队成员突破传统思维，支持创新和变革，激励团队成员为共同的目标而努力。在这样的领导方式下，成员不仅仅是被动地执行任务，还能主动地分享知识，为团队贡献智慧。

二是变革型领导会关注团队成员的成长与发展，不仅关注任务结果，而且关注过程中的学习和提升，从而增强成员对团队的归属感和信任感，减少知识隐藏的发生。

（4）设计合理的团队任务安排。

一是突出任务的互依性。合理设计团队成员之间的任务安排，确保成员之间有较强的合作需求。当任务之间的互依性较高时，成员往往会更倾向于分享知识，以完成任务目标。

二是明确任务目标与角色分工。清晰的任务目标和角色分工有助于减少成员之间的冲突和不必要的知识隐藏行为。当每个成员都明确自己的职责和贡献时，分享和合作的意愿会更强。

通过这些措施，团队中的成员就能在一个积极的环境中自由分享知识，从而减少知识隐藏行为。最终，知识的流动与共享将有助于提升团队的整体学习效率和创新能力。

3. 晓人理

"晓人理"是指知识型团队中的成员（特别是知识寻求者和知识拥有者）需要建立良好的相互理解和情感联系，管理者也需要提供支持，以促进团队成员之间的信任关系和知识共享。具体来说，可以从以下几个方面来实现。

（1）培养学习者的自主追踪能力。

一是鼓励对知识的自主追踪。学习者不仅仅是被动地接收知识，还应具备主动寻找知识的能力。教师或导师应鼓励学习者发掘自己的兴趣点，独立追踪不明确的知识，激发自主学习的热情。通过这种自主追踪，学习者能够找到真正符合自己研究方向的知识，并激发分享与探索的兴趣，从而减少知识隐藏行为。

二是增强知识吸收能力。知识寻求者在寻求知识之前，需要具备一定的基本知识储备和理解力，以缩小与知识拥有者之间的知识差距。当知识寻求者具有一定的理解和吸收能力时，知识拥有者的分享意愿就会增强，减少因不理解而产生的知识隐藏动机。

（2）创造良好的团队环境，促进情感联系与信任。

一是加强团队情感联系。管理者应创造一个支持性的工作环境，通过团队建设活动（如文化或文体活动）促进成员之间的情感联系。这种良好的关系可以增强团队成员的信任感，降低信息隐瞒或知识隐藏的发生概率。

二是增加团队成员间的信任。信任是减少知识隐藏行为的关键。当团队成员彼此信任时，他们会更倾向于分享自己的知识和经验，而不会担心自己因分享知识失去优势。

（3）明确抵制负面知识行为。

一是反对机会主义行为。管理者应明确传达对机会主义和搭便车行为的抵制态度。这可以通过明确的规章制度或团队文化来实现，让团队成员理解不当行为会受到团队的负面评价和惩罚。这样，成员就会更倾向于分享知识，而不是利用他人的努力来获得知识而不做出贡献。

二是塑造积极的知识分享动机。管理者要帮助成员建立正确的知识分享动机，即分享知识是为了团队共同目标，而非仅仅为了个人利益。

（4）建立知识贡献补偿机制。

一是奖励知识贡献。管理者可以通过奖励机制激励成员积极参与知识分享。对于那些贡献高价值或独有性知识的成员，可以提供物质或非物质的奖励，如晋升机会、奖金、荣誉等。这不仅能提高成员的积极性，还能降低因分享知识带来的个人损失感。

二是设计补偿机制。当团队成员感受到自己的知识付出能够得到合理的回报时，他们会更愿意将知识分享给他人，从而减少因知识流失产生的隐瞒行为。

通过这些措施，知识型团队能够建立起一个良好的知识分享文化，减少成员之间的知识隐藏行为，推动团队的知识流动和创新。同时，团队成员的合作性和信任感也会得到显著提高，进而提升团队整体的工作效率和成果。

此外，本研究还强调了专业认同品质在学习者教育过程中的重要性，尤其是在教学和科研领域。教育者除了教授学科知识外，还需要传递专业领域的背景信息，包括发展历程、现状、面临的挑战及未来趋势等。这种知识的传递不仅能帮助学习者更好地理解学科内容，还能将学科与国家发展战略和社会文明联系起来，增强学习者的责任感和使命感。

一是强化领域知识相关的伦理教育。教育者要在教学中融入伦理教育，帮助学习者树立正确的职业伦理观，明确个人责任，特别是要明确学习者不仅仅是知识的接受者，更是专业领域健康发展的推动者。通过对学习者的伦理意识和专业认同感的培养，能够帮助其更加自觉地承担起推动学科进步和社会发展责任的使命。

二是加强导师与学生之间的互相激励。导师要通过专业认同感的培养，建立与学生之间互相激励的关系。在学术研究过程中，导师不仅是知识的传授者，也是学习者成长的引路人。通过鼓励学习者在学科内外积极探索、批判和创新，形成良性循环，促进学习者的学术成长和责任感的提升。

三是注重理论与实践的结合。本研究不仅从理论角度丰富了知识隐藏理论体系，还对线上学习环境中的学习行为和学习模式做了深入的探讨。在实际应用中，研究结果能够帮助教育者更好地理解在线学习者的隐性学习行为，尤其是如何减少或避免知识隐藏行为的出现。对于在线教学设计研究提供了有效的启示，能够帮助教育者反思和优化教学策略，提升教育技术的应用效果，促进知识的有效流动和学习者的积极参与。

四是着眼未来的教学设计和教育技术应用。在未来的教学设计和教育技术的应用分析中，本研究揭示了影响在线学习者知识共享行为的重要因素，成为教学设计和教育技术创新的关键参考因素。随着人工智能驱动下教育大数据资源和应用模式的日益丰富，教育者可以根据这些因素设计更加合理的教学环境和任务，促进学生的知识共享和合作学习，从而提升在线教育的效果和学生的学习体验（杨现民等，2018）。

总体来说，这项研究为未来的教育者提供了宝贵的参考，尤其是在在线学习和知识管理的结合方面，有助于推动线上学习社区朝着更加开放、合作、共享的方向发展。

第六节　小结

本研究通过关键事件访谈法和扎根理论，自下而上地构建了在线学习社区中知识隐藏行为影响因素的理论框架，并设计了知识隐藏行为的形成机理模型。这一模型深入分析了在线学习者知识隐藏行为的多方面影响因素及其作用机制，为未来研究者提供了有价值的参考。通过本研究，能够客观地理解在线学习者的知识隐藏行为，为教育者更好地应对和改善这一行为提供指导。

（1）研究成果与应用。

一是知识隐藏行为影响因素的理论框架。研究揭示了影响在线学习社区中知识隐藏行为的多重因素，包括物理因素、事理因素和人理因素。这些因素通过不同的路径互相作用，最终影响知识的分享与隐匿。

二是在线学习者知识隐藏行为的形成机理。研究设计了知识隐藏行为的形成机理模型，详细阐明了如何从个体、团队和环境层面来理解和分析学习者的知识隐藏行为。通过这一模型，教育者可以从系统层面识别影响因素，进而采取更有效的措施来降低知识隐藏行为。

三是对在线教学和在线社区的启示。研究成果不仅能为教育者优化在线教学活动提供参考，也能帮助在线学习社区更好地促进知识共享与合作学习。具体来说，教育者应关注如何创造良好的学习氛围和有效的团队互动机制，以及如何设计合适的教学任务，以减少学生的知识隐藏行为。

(2)后续研究方向。

一是测量方法与干预机制的研究。后续研究可以继续关注如何量化和测量在线学习者的知识隐藏行为,从而为教育管理者提供更多可操作的数据支持。同时,后续研究也应关注如何制定有效的干预机制,帮助学习者克服知识隐藏的心理障碍,促进知识的共享。

二是教育技术与在线社区优化。随着在线教育技术的不断发展,后续研究可以进一步探索如何通过技术手段促进知识共享、增强学习者的归属感与责任感,从而抑制知识隐藏行为。比如,通过学习分析技术或社交学习平台等工具,增强学习者之间的互动与信任。

三是学习者动机与行为模式研究。更深入的研究可以探讨学习者动机与行为模式之间的关系,尤其是如何通过激励机制、社会支持和团队协作等方式,激发学习者更积极的知识分享行为。

总的来说,本研究为在线学习社区的知识管理研究提供了新的视角和理论框架,也为教育者在实际教学过程中应对知识隐藏行为提供了宝贵的经验和参考。通过后续研究的深入,能够进一步提高在线教育的教学质量,优化学习者的学习体验,并促进知识的有效传递和共享。

第四章　在线学习社区中知识隐藏行为的量化研究

第一节　变量界定

本研究主要考察组织和个人因素对知识隐藏行为的影响，所以在本章中需要对研究变量的概念进行界定，为研究假设打下基础。

一、知识隐藏行为

作为知识管理的重要组成部分，有效地促进员工的知识交换与共享，有助于提升组织的创新能力（Yang等，2018）。然而，现实中仍有大量的组织成员不愿意与他人分享，加拿大学者Connelly等将这种行为称为知识隐藏，并在2012年将其定义为"一个人有意隐藏另一个人所请求的知识"。由此可知，知识隐藏行为中"个体—个体"的二元互动是知识在组织内传递的主要形式。因此，在研究知识隐藏行为时，重点关注的是一个人对另一个人提出特定知识请求时的情形。已有研究探究了知识隐藏行为的影响因素，包括个体因素、组织因素、知识的复杂程度等，但是多数研究都集中在探讨组织氛围、人际关系方面，对人格特质等个体因素的研究较少（Semerci，2019）。在个体因素中，不可避免地要涉及组织心理所有权。因为组织心理所有权可能是影响个体知识隐藏行为的重要因素。

虚拟学术社区中的科研人员知识隐藏行为，确实可以视为一种符合战略学派的知识管理行为。具体而言，当科研人员进行知识隐藏时，他们往往将自己掌握的知识资源视为一种独特的、具有价值的物质化资源，并通过个人意识以及社区平台的技术手段来细致地管理、控制这些知识资源。这种行为背后有着深刻的战略性考虑，尤其是当知识成为推动科研和学术竞争力的重要资源时，科研人员往往更倾向于保护自己的知识，避免让其轻易地被他人所获取或利用，从而保持竞争优势（张磊，2020）。

二、组织心理所有权

组织心理所有权是指组织成员对所在组织拥有感的程度，即成员将组织看成自身情感的依靠，对组织有高度的归属感，简单来说，就是指成员认为组织在多大程度上是"属于我的"。Dyne 和 Pierce（2004）认为，组织心理所有权是组织内成员对自己所在组织的态度，一旦个体认可自己的组织，便会产生所有感。在高等教育科研团队中，这个道理同样适用。一旦团队成员认可了自己的学术组织，就会提升自己对组织的责任感和义务，就会通过情感承诺等来影响组织成员行为，如自发地进行知识分享，团队协作等来提升组织的效能。

三、感知个人知识所有权

感知个人知识所有权的概念在知识管理和知识隐藏研究中具有重要的理论意义，尤其是在虚拟学术社区的背景下。它涉及个体对知识归属的心理认知，具体来说，指的是知识拥有者（科研人员）对其掌握的知识资源的占有感和控制感。这种心理所有权影响着科研人员在面临知识请求时的行为决策，特别是决定是否分享、隐藏或拒绝他人的知识请求。从组织角度来看，组织通常提供了学习环境和资源，帮助个体通过合作和支持获得和创造知识，因此，知识是组织的资产，科研人员获得的知识在某种程度上应当归属于组织。但是，这并不意味着科研人员会完全放弃对知识的个人占有感。因为知识的生成和运用往往伴随着个体的付出和创造，尤其是在高度依赖个人专业知识的科研工作中，科研人员会强烈地感觉到自己对知识的所有权。从个人角度来看，个体在知识创造和获取过程中付出了大量努力和时间，这种投入带来的是强烈的感知知识个人所有权。当科研人员在工作中使用这些知识时，他们往往会将其视作个人的"私有资源"，并且对他人的请求表现出一定的防御性和保留态度。这种心理所有权的感知让科研人员更倾向于隐藏知识，尤其是当他们认为他人的请求可能威胁到自己对知识的掌控或知识带来的竞争优势时。在虚拟学术社区中，正式的知识所有权（如版权、专利等）常常不如在传统组织中那么明确，这使得科研人员对于知识的心理所有权感受更加突出。由于缺乏明确的归属感，科研人员可能会更加注重对知识的主观控制。另一方面，虚拟学术社区的环境本身也可能通过其技术平台的特性和文化背景，加剧科研人员对知识的占有感。例如，平台的设计、信息的流动方式、知识共享的激励机制等都会影响科研人员对知识的心理归属和隐藏意愿。

四、专业认同感

专业认同感是指学习者对自己所选择的专业以及未来职业的认同程度，包括情感投入、责任感以及长期发展的规划（Dyne 和 Pierce，2004）。专业认同感代表了一个人对自己的职业目标的坚定信念，愿意为了自己的专业去努力，并期盼自己能够成为职业的一部分的愿望（Kuo 等，2008）。Jafaraghaie 等（2012）认为，专业认同感体现了个体对所学专业的尊重、价值观的认同，以及对教育和职业发展的长期承诺。它不仅反映了学习者在学术和职业道路上的坚持意愿，还表现为他们在专业成长过程中积极投入时间和精力的行为。简而言之，专业认同感是学生认同自己所学专业，并愿意为其付出努力的积极态度和行动。高专业认同感的个体通常具有较强的责任感和使命感，愿意主动学习、分享知识，并为推动学科或行业发展做出贡献。而低专业认同感的个体可能更关注个人利益，缺乏长期投入的动力，甚至可能选择隐藏知识，以维持自身的竞争优势。因此，在教育过程中，培养学习者的专业认同感，有助于促进知识共享、增强团队合作，并提升学术或行业整体发展水平。

五、变革型导师

Burns 将领导风格分为变革型领导风格和交易型领导风格两类，这是目前研究领域认可度较高的领导风格分类。领导风格对员工知识分享过程起到了关键的作用，是影响知识分享的主要因素。翟雪松和束永红

（2019）基于 Burns 的领导风格分类，提出了变革型导师指导风格和交易型导师指导风格两种类型。

其中，变革型导师指导风格强调导师对学生的激励和引导，帮助学生建立长远的发展目标，并在学术和职业道路上起到榜样作用，通常表现为：树立榜样，以自身的学术态度、研究方法和职业精神影响学生；指明方向，帮助学生确立学术研究或职业发展的长期目标；激励学生，关注学生的感受，给予支持和鼓励，以增强学生的学术热情和专业认同感。

而交易型导师指导风格则更注重导师与学生之间的目标契约，强调任务完成与奖励回报的对应关系，通常表现为：设定明确任务，给学生布置具体的研究任务或项目目标；以结果为导向，关注学生对任务的执行和完成情况；强调奖励机制，学生完成导师规定的任务后，可获得相应的学术资源、研究机会或其他回报。

六、自我效能感

1977 年，美国心理学家班杜拉提出了自我效能感的概念。在总结前人研究的基础上，他发现，过去的研究大多关注人们如何获取知识及其行为反应模式，却较少探讨知识与行为之间的相互作用。他指出，个体的内部自我参照因素在知识应用和行为实施过程中起着重要的调节作用。然而，由于人们难以准确评估自身能力对动机和行为的影响，常常出现"知道该做什么但未能成功执行"的情况，因此，他提出了自我效能感这一概念，用以描述个体对自身在特定领域完成目标的能力和信心。1986 年，班杜拉在《思想与行为的社会基础》一书中对自我效能感进行了更为系统的论述，从而奠定了自我效能理论的基本框架。

七、主动性人格

1993年，Bateman和Grant首次提出了主动性人格的概念，并指出，具有主动性人格的个体不易受到环境的限制，他们能够敏锐地察觉机会并采取积极行动，直至取得成功。随后，学者们从不同角度进一步界定了这一概念。例如，2010年，Greguras和Diefendorff认为，具有自立自强精神并以未来发展为导向的人可被归为主动性人格个体。作为一种独立且积极的个性特质，这类人通常表现出以下特点：能够胜任自己的工作与学习，展现出较强的专业素养与问题解决能力，并取得优异成绩；具备较强的领导力与人际交往能力，值得信赖；对组织具有高度的责任感和认同精神；在工作与学习中积极投入，具备独立判断能力，敢于表达个人观点；秉持诚信原则，追求更高的自我价值。

第二节 研究假设

一、自我效能感与知识隐藏行为

自我效能感会影响个体的思维方式，具有高自我效能感的人在面对挑战时更倾向于专注于情境需求，并激发自身更大的动力来克服困难。Lin H F（2007）的研究肯定了自我效能与知识隐藏行为的负相关关系，即高自我效能感的人，会减少知识隐藏行为。翟雪松和束永红（2019）的研究显示，高自我效能感的个体通常会减少对知识的心理占有感，弱化对"知识领地"的认知。因此，可以推测，这类个体在分享知识时，对自己的知识掌握程度和分享能力更加自信，心理负担较少，从而更愿意进行知识共享。由此，我们提出如下假设。

H1：自我效能感负向影响知识隐藏行为。

二、专业认同感与自我效能感

专业认同感是指学习者在深入理解所学专业的基础上，对其产生情感上的接受和认可，并在此过程中表现出积极的外在行为，同时在内心体验到契合与归属感（武凌芸等，2022）。当学生对自身专业产生认同后，他们会坚定专业的价值，并更加严谨、认真地投入学习，从而增强自信心，提高自我效能感。具有较强专业认同感的学生通常具备明确的学习目标，并围绕该目标积极克服困难，不断提升学习成绩，从而建立起学业自我效能感。此外，他们还会结合专业发展趋势和行业需求，对自身进行合理的职业生涯规划，平衡理论知识与实践能力的关系，持续提升自身综合素质，从而进一步增强自我效能感（秦鑫鑫等，2021）。由此，我们提出如下假设。

H2：专业认同感正向影响自我效能感。

三、变革型导师与自我效能感

变革型指导风格的导师能够以身作则，为学生树立积极的榜样，尊重学生的感受，并善于激励学生在学习和工作中不断进步。他们注重与学生建立相互信任和激励的关系，并倾向于为学生分配具有挑战性的学习任务，以此提升学生的能力和信心。同时，这类导师会提供必要的指导和资源，帮助学生克服学习过程中可能遇到的困难和焦虑，从而有效地提高学习者的自我效能感（贾敏，2017）。由此，我们提出如下假设。

H3：变革型导师正向影响自我效能感。

四、主动性人格与自我效能感

具有主动性人格的个体在工作中会积极获取和利用信息，以实现自身和组织的目标。当组织内部成员需要帮助时，他们更有信心分享自己掌握的知识，并积极促进团队协作，推动组织目标的达成。高主动性人格的个体通常投入度更高，能够激发自身的内在动力，增强自信心，从而提升自我效能感。Gerhardt 和 Brown（2006）认为自我效能感在主动性人格对个体行为及其结果的影响机制中起到中介作用。进一步研究表明，高主动性人格的个体通常具备更高的自我效能感，并更加坚定地相信自己能够完成任务。Greguras 和 Diefendorff（2010）指出，高主动性人格的个体倾向于为自己设定更高的目标，从而促进组织公民行为的提升。由此，我们提出如下假设。

H4：主动性人格正向影响自我效能感。

五、自我效能感与组织心理所有权

自我效能感是指个体对自己是否能在一定水平上完成某一活动所具有的能力判断、信念或自主自我把握与感受。高自我效能感将产生出足以争取的努力，成功的结果会进一步强化自我成功的期望。因此，自我效能感高的人，可以通过提高自我目标的一致性，从而提高组织公民行为（Chien 等，2013；曹勇和向阳，2014；张振刚等，2016）。由此，我们提出如下假设。

H5：自我效能感正向影响组织心理所有权。

六、组织心理所有权与知识隐藏行为

组织心理所有权是员工愿意与组织共享利益，将组织看成自身的一种情感，具有高度的组织归属感（Wagner 等，2003）。组织心里所有权感知高的成员，说明其对组织的情感态度较高，反映了其对组织较高的认同程度，组织认同是一种内在驱动力，可以比较稳定地预测组织成员的行为（（陈永霞等，2006；陈奕延等，2020）。

高校科研团队以科研创新为目的，对知识的流动与共享有着天然和迫切的要求（张玲玲，2010；尚玉钒等，2016）。组织心理所有权较高的个体通常具备强烈的组织归属感，更加关注学术组织的整体利益，并将自身情感与组织紧密相连。他们会主动寻找志同道合的伙伴和团队，积极参与基于问题的学习、协作学习、混合学习以及行动学习等多种学习模式。丰富的学习活动不仅促进了学习者在社区中的互动与交流，也增强了他们对组织的情感认同，使其将组织视为自我身份的一部分，并对组织保持更加积极的态度。由此，我们提出如下假设。

H6：组织心理所有权负向影响知识隐藏行为。

七、自我效能感与感知个人知识所有权

自我效能感是在某个领域里面有行为能力的人的需要，个体以控制个人知识等占有物来促使事情发生而获得胜任感。所以，高自我效能感的学习者更关注自身对知识的掌握与控制。尤其是在背对背的虚拟学习环境中，高自我效能感的学习者，如果对自身的能力和知识非常有信心，那么他们会更愿意通过分享知识来获得他人的认可（Wang 和 Noe，2010）。由此，我们提出如下假设。

H7：自我效能感正向影响感知个人知识所有权。

八、感知个人知识所有权与知识隐藏行为

Constant（1994）从心理认知的视角出发，研究发现，知识拥有者在与他人共享属于自己的专家知识时得到别人的欣赏与称赞，会使自己感觉被需要，在这种情况下，会激励自己做出更多的与身份一致的行为，如减少知识隐藏行为。

已有研究主要从自我认知利益和自我心理认知的角度探讨了感知个人知识所有权与知识隐藏行为之间的关系。本研究则聚焦于在线学习社

区中隐性知识的隐藏行为，关注知识供需双方基于新创意和新知识的产生而自愿开展的互动。当知识持有者将自身的技巧和经验视为个人所有，并在分享交流过程中获得自我满足感时，他们更倾向于主动分享知识，从而减少知识隐藏行为。由此，我们提出如下假设。

H8：感知个人知识所有权负向影响知识隐藏行为。

九、自我效能感的中介作用

Jafaraghaie 等（2012）的研究显示，专业认同感高的学生，成就感很高，对专业问题具有强烈的责任感，更倾向于对专业忠诚并表现出不离不弃的毅力；专业认同感高的学生，通常具备极大的探索心、事业心和推动未来领域发展的信心。翟雪松和束永红（2019）也证实，专业认同感较高的学习者通常具备强烈的专业发展使命感，基于对专业的热爱，在面对他人的知识请求时，他们不会因满足自尊或提升自我效能感而产生过多的心理压力，而是更愿意主动分享和探讨知识。特别是在在线学习环境中，他们倾向于寻找志同道合的伙伴，共同探讨问题，形成共鸣。专业认同感越强，学生的责任感越高，他们更愿意从个人长远发展角度出发，为学科领域的进步贡献力量，积极扮演知识传播者的角色。同时，专业认同感高的学生往往具有较强的自我效能感，表现出强烈的探索精神、事业心以及推动未来专业发展的信心。由此，我们提出如下假设。

H9：自我效能感在专业认同感和知识隐藏行为之间起中介作用。

在高校教学、科研等组织中，导师是团队环境的建设者。教师的领导风格在教学团队成员之间的知识共享过程中起着关键作用，是知识共享过程中的主要影响因素。贾敏（2017）的研究表明，导师的引导对学生的创造力起着关键作用，而积极和谐的组织环境则能增强学生之间的信任和激励，从而减少知识隐藏行为。在网络学习社区中，采用变革型指导风格的导师更能包容学生的个性需求和发展方向，有助于在虚拟环境中建立良好的师生关系，并促进学生之间的互动。良好的交流环境能够激发学生基于自身兴趣主动分享知识，降低竞争带来的心理压力，从而减少知识隐藏行为，推动更开放的知识共享氛围，降低知识隐藏行为（田阳和冯锐，2016）。由此，我们提出如下假设。

H10：自我效能感在变革型导师和知识隐藏行为之间起中介作用。

主动性人格是个体的一种较为稳定的特质，主要是指个体主动地采取措施或行动，去改变周围的环境（Bateman 和 Crant,1993）。具有主动性人格的个体总是具备积极的心理功能，增强自我效能感，促进自身学业的发展。同时，主动性人格与自我效能感也存在密切的关联，国内外实证研究显示，主动性人格能够显著影响个体的自我效能感水平（Hsieh 和 Huang，2014；李佳芹，2014；曲可佳等，2015）。Brown 等（2005）研究认为，高主动性个体具备更高的自我效能感，对于自己能够完成一项活动或任务的信念更强，在一个领域内坚持的时间更长久，取得的成果也更显著，从而表现出更好的工作效果。Lin H F（2007）的研究也指出，高自我效能感的人，会减少知识隐藏行为。由此，我们提出如下假设。

H11：自我效能感在主动性人格与知识隐藏行为之间起中介作用。

Jafaraghaee 等（2014）的研究表明，专业认同感高的学生通常拥有较强的成就感和责任感，他们更倾向于忠于自己的专业，并在学习过程中展现出较强的毅力。这类学生往往具备高度的职业认同感，表现出强烈的探索意识和专业精神，同时对推动未来领域发展充满信心。专业认同感的增强会促使学生积极克服学习和研究中的挑战，不断提升自我效能感。根据心理所有权理论，个体的组织占有感可以通过效能感、自我认同等途径实现，并促使其对目标做出更加积极的评价和判断（Beggan等，1992；Pierce 等，2002；周智红和王二平，2000）。自我效能感高的学习者，会激发其对组织的责任感和"我的"情感，从而以积极活跃的意志，努力去实现有利于组织的行为。由此，我们提出如下假设。

H12：自我效能感在专业认同感和组织心理所有权之间起中介作用。

变革型导师能够激励学习者以积极乐观的态度投入学习和研究，塑造其积极行为，并在面对挑战时增强自信心，从而提升自我效能感。这类导师往往通过强调组织的远景与价值，激发学生的学习动力和专业认同感，使他们更加认可组织，并愿意做出更多有益于组织的贡献。随着自我效能感的提升，学习者的关注点也会从个人利益转向集体利益，进一步促进知识共享与团队协作（宋继文等，2009；周浩和龙立荣，2012）。在高等教育中，自我效能感在变革型导师和教师的组织认同感之间起到中介作用（刘莉莉和孔曼，2020）。在在线学习社区中，教师与学生之间的关系与之类似，由此，我们提出如下假设。

H13：自我效能感在变革型导师和组织心理所有权之间起中介作用。

通常，具有主动性人格的个体会表现出较高的自我效能感，这源于他们的内在主动性以及对自身能力的坚定信念。他们相信通过努力和积极行动能够实现目标，因此在工作中会主动获取和利用信息，以推动个人与组织的发展。当组织成员需要帮助时，这类个体更倾向于分享自己的知识与经验，促进团队协作。较强的自信心使他们能够更有效地发挥个人能力，从而有助于组织目标的达成（Hsieh等，2014）。由此，我们提出如下假设。

H14：自我效能感在主动性人格和组织心理所有权之间起中介作用。

专业认同感强的学生会通过自身努力获取更多的专业知识，从而提升自我效能感和专业能力。自我效能感高的个体在面对挑战时会更加主动地寻求知识，增强自身的能力储备。他们坚信自己能够有效掌握和应用所学知识，这种对自身能力的高度自信促使他们形成更强的知识主人翁意识，因此，他们更愿意积极参与知识交流，并充分利用所学知识克服困难，推动自身目标的实现。由此，我们提出如下假设。

H15：自我效能感在专业认同感和感知个人知识所有权之间起中介作用。

变革型导师能够根据学生的个性特点和专业发展方向，为其指明努力的方向，增强学生的自信心，提高其自我效能感。在虚拟学习社区中，自我效能感较高的学生更倾向于对知识资源（如隐性知识）产生"占有"动机，即表现出一定的控制欲望。这种心理可能源于他们对自身知识掌握程度的高度认可，同时也可能影响他们在知识分享和协作学习中的行为模式。由此，我们提出如下假设。

H16：自我效能感在变革型导师和感知个人知识所有权之间起中介作用。

主动性越强的大学生也会对自己的学业能力和学习行为更加具有判断力和自信（程祝亚，2013；商佳音和甘怡群，2009）。具有主动性人格的大学生会对自己完成学习任务更加有信心，自我的认可度也越高（Hsieh 等，2014；李佳芹，2014；商佳音和甘怡群，2009），同时自我评价越高的大学生越相信自己能够应付各种挫折和困难，这种自信心为他们的学习生活提供了强大的心理储备（Hsieh 等，2014；程祝亚，2013；李佳芹，2014；曲可佳等，2015）。由此，我们提出如下假设。

H17：自我效能感在主动性人格和感知个人知识所有权之间起中介作用。

十、组织心理所有权的中介作用

高自我效能感将使人产生出足以争取的努力，成功的结果会进一步强化自我成功的期望，因此，自我效能感高的人，可以通过提高自我一致性目标，从而提高组织公民行为。Connelly 和 Zweig（2015）也认为，知识隐藏往往受复杂的个体心理动机和组织间关系双重变量的影响。Lin H F（2007）的研究肯定了自我效能感与知识隐藏行为的负相关关系，即高自我效能感的人，会减少知识隐藏行为。组织心理所有权是指学习者将科研组织看作自己的一部分，对组织会产生积极的态度，进而表现出更多的角色外行为。研究者认为，作为高校的科研组织的科研团体，同样适用这一理论。由此，我们提出如下假设。

H18：组织心理所有权在自我效能感和知识隐藏行为之间起中介作用。

十一、感知个人知识所有权的中介作用

高自我效能感的学习者通常会通过自身努力获取更多的知识，并通

过分享知识来获得自我心理满足。他们认为，在在线社会网络中交流和共享的经验、技巧等隐性知识是个人智慧的积累，因此容易产生对这些知识的心理所有权。在虚拟环境下，这种对隐性知识的"占有"动机，会让他们更加确信自己的知识能够在他人遇到难题时提供帮助，从而激发更积极的共享态度，促进知识的传播与合作学习（Bock 等，2005）。由此，我们提出如下假设。

H19：感知个人知识所有权在自我效能感和知识隐藏行为之间起中介作用。

十二、自我效能感、组织心理所有权的链式中介作用

根据上述研究假设，本书初步推断认为专业认同感正向预测自我效能感，变革型导师正向预测自我效能感，主动性人格正向预测自我效能感，自我效能感正向预测组织心理所有权，组织心理所有权负向预测知识隐藏行为。

根据已有的研究，我们知道了专业认同感高的学生，对专业的发展具有积极的态度，愿意从自己长远的职业生涯出发，为推动整个研究领域做出贡献，并主动承担知识的传播者（Ghani 等，2020b；翟雪松和束永红，2019）。教育领域中的导师指导风格是基于一定组织情境对学生的管理和培养，变革型导师指导风格的教师与学生之间相互启发和共勉，通过激励和鼓舞的言行促进学生对未来发展的期望，在这样的组织中学习，学生更愿意为整个团队的目标考虑，倾向于去主动分享知识（翟雪松和束永红，2019）。根据 Connelly 和 Zweig（2015）的研究，个人因素是学习者在知识交流过程中自我认知的重要内容，是影响学习者知识交流行为的关键因素。此外，薛瑞鑫（2023）认为知识拥有者

的主动性越强，其知识隐藏行为发生的概率越低。由此，我们提出如下假设。

H20：自我效能感和组织心理所有权在专业认同感和知识隐藏行为之间起链式中介作用。

H21：自我效能感和组织心理所有权在变革型导师和知识隐藏行为之间起链式中介作用。

H22：自我效能感和组织心理所有权在主动性人格和知识隐藏行为之间起链式中介作用。

十三、自我效能感、感知个人知识所有权的链式中介作用

根据已有的研究，专业认同感正向影响知识隐藏行为，变革型导师正向影响知识隐藏行为，主动性人格正向影响知识隐藏行为。再结合本书的初步推断，专业认同感对自我效能感具有正向预测作用，自我效能感对感知个人知识所有权具有正向预测作用，组织心理所有权对知识隐藏行为具有负向预测作用。由此，我们提出如下假设。

H23：自我效能感和感知个人知识所有权在专业认同感和知识隐藏行为之间起链式中介作用。

H24：自我效能感和感知个人知识所有权在变革型导师和知识隐藏行为之间起链式中介作用。

H25：自我效能感和感知个人知识所有权在主动性人格和知识隐藏行为之间起链式中介作用。

第三节 理论模型

综合上述理论逻辑，由于专业认同感与知识隐藏行为、变革型导师与知识隐藏行为、主动性人格与知识隐藏行为的关系在以往的研究中已经证实，因此不在本次研究的范围之内。本次研究建构的理论模型，如图4-1所示。

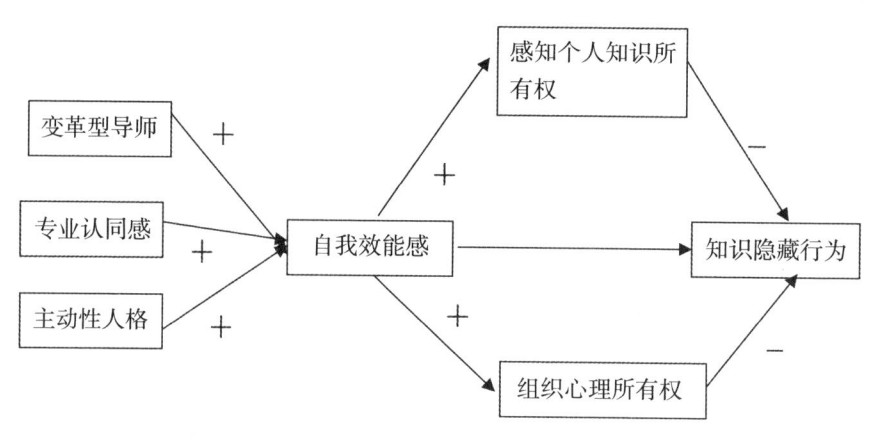

图4-1 理论模型

第四节 研究方法

为了解决研究问题，研究者通过阅读文献，了解国内外关于学习者知识隐藏行为的研究现状，依据已有研究提出假设。并计划利用问卷调查法对国内高校的硕/博士研究生进行调查，回收数据，进行统计分析，结合访谈验证研究假设，得出结论并进行讨论。因此，本研究的方法主要包括文献研究、问卷调查和统计分析。

一、文献研究法

主要是以知识隐藏行为、在线教育环境、知识共享等为关键词，利用谷歌学术、Web of Science、中国知网等电子数据库，检索、收集、筛选并整理国内外已有的文献，初步形成自己的研究观点。

二、问卷调查法

首先，通过面对面访谈了解学习者在在线学习环境下是否有知识隐藏的心理或者行为；其次，了解学习者是通过何种方式来隐藏知识。访谈结束后，再通过问卷调查进行数据的收集。

三、统计分析法

本研究通过使用 SPSS 24.0 和 AMOS 24.0 等不同软件对数据进行分析，检验研究框架。具体操作如下：利用 AMOS 24.0 进行描述性统计和回归分析；利用 AMOS 24.0 测试路径图，估计回归参数，并计算模型拟合标准。通过研究分析结果，验证相关假设是否成立。

四、变量测量

本次研究的变量主要包括专业认同感、变革型导师、主动性人格、自我效能感、组织心理所有权、感知个人知识所有权、知识隐藏行为，具体如表 4-1 所示。

表 4-1　研究变量

变量类型	变量名称
自变量	专业认同感、变革型导师、主动性人格
因变量	知识隐藏行为
中介变量	自我效能感、组织心理所有权、感知个人知识所有权
控制变量	性别、年龄、学历、专业

五、问卷设计

1. 问卷设计流程

本次研究以问卷调查的方式收集数据，为保证问卷的信效度，提高研究结果的认可度，首先，研究共设计了 7 个相关变量，为保证研究内容的信度和效度，研究者结合研究重点，回顾已有文献，筛选出认可度高、应用广泛的成熟量表，并结合问卷特点和研究情境进行了改编。所有题目都通过中英文双向互译的方式，来保证问卷在翻译的过程中没有出现翻译偏差和信息遗漏。其次，将初始量表编制成测量问卷，并将初始问卷发给 3 位高校的教授，请他们提出相应的修改意见，并对问卷进行修改，形成第二稿问卷。再次，邀请部分研究生试着阅读问卷，对问卷的易读性、语言表达的准确性等方面提出修改意见。最后，结合研究生的建议，进行适当调整，最终形成初始问卷。

2. 问卷设计内容

调查问卷主要由引言、基本信息、问卷正文三部分构成。

引言：主要是向调查对象说明本次调查的主要内容，不涉及思想或情感上的引导性语言，表明对收集信息的保密性，以及问卷填写的注意事项。

基本信息：主要包括研究对象的个人信息，主要有性别、年龄、学历、学校类别、在线学习年限和在线学习平台等。

问卷正文：专业认同感 7 个测量题项，主动性人格 5 个测量题项，变革型导师 6 个测量题项，组织心理所有权 5 个测量题项，感知个人知识所有权 5 个测量题项，知识隐藏行为 6 个测量题项。

问卷中的主体部分变量均采用 Likert 五级量表，要求被调查者按照 1~5 分对题项进行打分，其中 1= 完全不同意、2= 不同意、3= 中间立场、4= 同意、5= 完全同意。采用分层抽样的方法，进行问卷的发放与收集。

3. 研究对象选择

本研究选择硕/博士研究生作为调查对象，是因为，首先，研究生教育不同于本、专科教育的突出特点是"研"字，以培养创新型人才为目标。创新是将多种形式的隐性知识进行整合，并通过不断的努力最终实现显性的过程（薛瑞鑫，2023）。其次，高校科研团队包括"领导－教师"型、"教师－教师"型、"导师－研究生"型，其中"导师－研究生"型是人数最多、科研成果最多的团队类型（梁晓雨，2021）。最后，高校科研团队是培养创新能力的重要基础，导师带领的硕/博士科研团队是推动高校提升科研创造力的主要因素。在高校中，硕/博士研究生的培养是一项研究型工程，硕/博士研究生特别注重专业知识的相互分享，非常适合作为知识隐藏行为的研究样本；在高校中，硕/博士研究生也是变革型导师的直接体验者（Ghani 等，2020；翟雪松和束永红，2019）；在高学历学习型组织中，知识隐藏行为发生的概率非常高（Labafi，2017）。

4. 数据收集

根据教育部的教育统计，研究生人数最多的地区在东部地区，包括11个省和1135所学校，适合抽样。

首先，根据11个省份普通高等学校的研究生数量，我们采用非概率抽样中的客观抽样作为我们的调查方法，选择北京、江苏、上海这三个研究生培养机构数量最多的省份。这里大部分的学校教学风格优良，文化视野广阔，文化创新能力强，科研组织机制健全，协同创新成果显著。在预调查阶段，要求被调查者必须有过一次以上的在线课程学习经历，并且被调查者在在线学习社区中存在知识隐藏行为或被隐藏的

续表

现象。

其次，本次调查采用随机抽样的方法进行问卷的分发和收集。使用的问卷平台是国内专业数据收集网站的问卷之星，于 2023 年 3 月 1 日至 2023 年 3 月 31 日进行。总共进行了 118 份问卷调查。经筛选，最终确定预测问卷 112 份，问卷有效回收率为 94.9%。问卷的信度和效度较好。

最后，在正式问卷阶段，样本量按 $n=Z^2\sigma^2/d^2$ 计算，根据 95% 的置信水平，抽样误差不大于 5%，$Z=1.96$，$\sigma=0.5$，$d=5\%$。因此，$n=1.96^2\times0.5^2/5\%^2=384$，表明本次调查所需的最小样本量为 384。在简单随机抽样的条件下，我们采用等数分布法进行数据收集，每个地区发放 160 份问卷。

正式调查于 2023 年 5 月 1 日开始，并于 2023 年 5 月 31 日结束。两个月内共发放问卷 480 份，回收问卷 460 份。经筛选，选出有效问卷 420 份。问卷有效回收率为 91.3%，大于最小样本量 384 份。

第五节 研究过程及结论

一、描述性统计分析

本研究的实证数据通过问卷调查的方式获取,采用两阶段问卷调查方式来保证问卷的信效度。首先,发放初始问卷112份,进行探索性因子分析(EFA),以此完善初始问卷;其次,利用修正后的问卷开展正式调查,采用验证性因子分析(CFA),删减相关条目,形成最终测量量表;最后,通过实证研究,验证模型和假设。问卷发放方式包括发放电子问卷和纸质问卷两类。共计回收问卷460份,其中有效问卷420份,有效率91.3%。样本的人口统计特征,如表4-2所示。

表4-2 人口统计量表

人口特征		数量	占比
性别	男	121	28.8%
	女	299	71.2%
年龄	18~30岁	305	72.6%
	30岁以上	115	27.4%
专业	自然科学	89	21.2%
	人文与社会科学	331	78.8%
学位	硕士研究生	344	81.9%
	博士研究生	76	18.1%

二、信效度检验

1. 信度分析

信度是反映测量量表稳定性或可靠性的重要指标。反映信度大小的统计量叫信度系数。内在信度最常用的检测方法是 Cronbach's Alpha 系数，其值在 0~1 之间，越接近 1，说明问卷的内部一致性越好，如果内在信度系数在 0.8 以上，则认为该量表具有较高的内在一致性。调查问卷的信度分析结果，如表 4-3 所示。

表 4-3 问卷信度分析结果

维度	项数	Cronbach's Alpha 系数
专业认同感	7	0.917
主动性人格	5	0.885
变革型导师	6	0.905
自我效能感	7	0.912
组织心理所有权	5	0.914
感知个人知识所有权	5	0.868
知识隐藏行为	6	0.945

由表 4-3 可知，问卷分为 7 个维度，专业认同感的 Cronbach's Alpha 系数是 0.917、主动性人格的 CronbachTimes New Romans Alpha 系数是 0.885、变革型导师的 Cronbach's Alpha 系数是 0.905、自我效能感的 Cronbach's Alpha 系数是 0.912、组织心理所有权的 Cronbach's Alpha 系数是 0.914、感知个人知识所有权的 Cronbach's Alpha 系数是 0.868、

知识隐藏行为的 Cronbach's Alpha 系数是 0.945，各个维度的 Cronbach's Alpha 系数均符合大于 0.7 的基本标准。可见，本研究采用的调查问卷具有良好的信度。

2. 效度分析

测量量表的有效程度称为效度，主要包括内容效度、结构效度、聚合效度和区分效度。在实际研究中，效度检验主要包括内容效度和结构效度的检验。内容效度指的是问卷项目对有关内容或行为取样的适用性，是指量表的测量项目能均匀测到预测量内容领域的程度。此次调查量表参考借鉴了以往的相关文献，经过预调研的结果做出适当修改调整，因此拥有较好的内容效度。结构效度也称为建构效度，是指实际测量到的数据与预期测量内容的符合程度，是检验所做分析能够解释理论假设的程度。

本研究采用验证性因子分析方法来检验正式调查量表的效度。在进行验证性因子分析之前，使用了 KMO 和 Bartlett 球形检验进行效度验证，结果显示 KMO 值为 0.937（大于 0.8），p 值 < 0.001，说明数据效度非常好，适用于因子分析。

本研究使用 AMOS 24.0 对模型的结构效度进行检验，具体从绝对适配指数、增值适配指数、简约适配指数以及内在适配度（组合信度 CR 和收敛效度 AVE）等方面进行了评判。在绝对适配指数方面，x^2/df（卡方自由度比）的值在 1~3 之间比较合适，统计值为 1.560，符合标准。AGFI（调整的拟合优度指数）的值一般要求大于 0.9，越接近 1 表明适配度越高，而 Bollen（1990）、Hu 和 Bentler（1995）也提出，样本数小的时候，AGFI 值会被低估，因此 MacCallum 和 Hong（1997）建议可酌量放宽到 0.8，统计值为 0.819，符合放宽标准。适配度指标 GFI（拟合优度指数)的值一般要求大于 0.9,越接近 1 表明适配度越高,Doll、Xia 和 Torkzadeh (1994) 认为,当模型所估计的参数变多时,要达到 0.9 的标准就会有困难,因此建议可酌量放宽至 0.8 的标准,统计值为 0.841,符合放宽标准。TLI(不规范拟合指数,又称作 NNFI)的数值处于 0~1 之间,越接近 1 表明模型拟合程度越高,当其大于 0.9 时,则认为模型拟合程度可以接受,统计值为 0.951,符合标准。NFI(规范拟合指数)的值一般要求大于 0.9,越接近 1 表明适配度越高,统计值为 0.883,符合标准。CFI(比较拟合指数)的值一般要求大于 0.9,越接近 1 表明适配度越高,统计值为 0.954,符合标准。RMSEA(近似误差均方根)的值一般小于 0.08 时表明适配度较好,统计值为 0.042,符合标准。由此可知,验证性因子分析的各项模型拟合指数均满足评价标准,具体如表 4-4 所示。

表 4-4 模型拟合指数统计

参考指数	评价标准	统计值	模型适配判断
x^2/df	在 1~3 之间比较合适	1.560	是
AGFI	大于 0.8,越接近 1 表明适配度越高	0.819	是
GFI	大于 0.8,越接近 1 表明适配度越高	0.841	是
TLI	大于 0.9,越接近 1 表明适配度越高	0.951	是
NFI	大于 0.9,越接近 1 表明适配度越高	0.883	接近
CFI	大于 0.9,越接近 1 表明适配度越高	0.954	是
RMSEA	小于 0.08	0.042	是

在模型具有良好的适配度的前提下,将进一步检验量表各个维度

的收敛效度 AVE 和组合信度 CR。收敛效度又称聚合效度，是指测量相同潜在特质（构念）的测验指标会落在同一共同因素上。其检验流程是通过建立 CFA 模型计算出各个测量题项在对应维度上的标准化因子载荷，然后通过 AVE 和 CR 的计算公式计算出各个维度的收敛效度值和组合信度值。其计算公式分别为：AVE=Σ（因子载荷量^2）/[（Σ因子载荷量）^{2}+（Σ各测量变项的测量误差）]，CR=（Σ因子载荷量^2）/[（Σ标准化因子载荷）^{2}+Σ（测量误差）^{2}]。

根据标准，AVE 值的最低要求为 0.5，CR 值的最低要求为 0.7，才能说明具有良好的收敛效度和组合信度。如表 4-5 所示，7 个因子对应的 AVE 值全都大于 0.5，且 CR 值均大于 0.7，表明数据具有良好的收敛效度和组合信度。

表 4-5 验证性因子分析结果

维度	观测变量	因子载荷	S.E.	C.R.	p	CR	AVE
专业认同感	zyrt1	0.820				0.921	0.624
	zyrt2	0.789	0.069	16.039	***		
	zyrt3	0.834	0.063	17.393	***		
	zyrt4	0.777	0.069	15.699	***		
	zyrt5	0.735	0.082	14.538	***		
	zyrt6	0.718	0.064	14.102	***		
	zyrt7	0.848	0.061	17.827	***		

续表

维度	观测变量	因子载荷	S.E.	C.R.	p	CR	AVE
主动性人格	zdrg1	0.768				0.886	0.609
	zdrg2	0.795	0.074	14.396	***		
	zdrg3	0.813	0.073	14.767	***		
	zdrg4	0.794	0.076	14.371	***		
	zdrg5	0.729	0.071	13.045	***		
变革型导师	bgds1	0.766				0.907	0.620
	bgds2	0.823	0.071	15.225	***		
	bgds3	0.816	0.071	15.067	***		
	bgds4	0.834	0.068	15.455	***		
	bgds5	0.774	0.069	14.175	***		
	bgds6	0.704	0.078	12.696	***		
自我效能感	zwxn1	0.619				0.915	0.608
	zwxn2	0.642	0.111	9.770	***		
	zwxn3	0.777	0.116	11.290	***		
	zwxn4	0.815	0.118	11.674	***		
	zwxn5	0.887	0.113	12.364	***		
	zwxn6	0.822	0.116	11.751	***		
	zwxn7	0.858	0.116	12.094	***		
组织心理所有权	zzxl1	0.928				0.915	0.688
	zzxl2	0.933	0.036	29.267	***		
	zzxl3	0.857	0.040	23.272	***		
	zzxl4	0.701	0.049	15.578	***		
	zzxl5	0.694	0.051	15.326	***		

续表

维度	观测变量	因子载荷	S.E.	C.R.	p	CR	AVE
感知个人知识所有权	gzgr1	0.537				0.870	0.580
	gzgr2	0.615	0.158	8.258	***		
	gzgr3	0.860	0.190	9.917	***		
	gzgr4	0.878	0.194	9.997	***		
	gzgr5	0.851	0.195	9.871	***		
知识隐藏行为	khb1	0.839				0.946	0.744
	khb2	0.861	0.060	19.418	***		
	khb3	0.887	0.060	20.422	***		
	khb4	0.902	0.059	21.066	***		
	khb5	0.878	0.057	20.092	***		
	khb6	0.803	0.058	17.309	***		

注：*** 表示在 $P < 0.01$ 的水平上显著。

在区分效度方面，本研究首先对各变量的相关系数进行了检验，结果显示，标准化因子载荷基本大于 0.6 且小于 0.95，各变量之间存在正相关关系，且相关系数均在 $p < 0.001$ 的水平上显著。

接下来，本研究计算了各个变量的 AVE 值平方根以进行相关性与区分效度分析，如表 4-6 所示。专业认同感因子的 AVE 平方根值为 0.790，大于因子间相关系数绝对值的最大值 0.579，意味着该项具有良好的区分效度；主动性人格因子的 AVE 平方根值为 0.780，大于因子间相关系数绝对值的最大值 0.664，意味着该项具有良好的区分效度；变革型导师因子的 AVE 平方根值为 0.787，大于因子间相关系数绝对值的最大值 0.552，意味着该项具有良好的区分效度；自我效能感因子的 AVE 平方根值为 0.780，大于因子间相关系数绝对值的最大值 0.580，意味着该项具有良好的区分效度；组织心理所有权因子的 AVE 平方根值为 0.829，大于因子间相关系数绝对值的最大值 0.580，意味着该项具有良好的区分效度；感知个人知识所有权因子的 AVE 平方根值为 0.762，大于因子间相关系数绝对值的最大值 0.495，意味着该项具有良好的区分效度；知识隐藏行为因子的 AVE 平方根值为 0.863，大于因子间相关系数绝对值的最大值 0.513，意味着该项具有良好的区分效度。

表 4-6 各变量相关性与区分效度分析结果

维度	1	2	3	4	5	6	7
专业认同感	0.790						
主动性人格	0.579	0.780					
变革型导师	0.458	0.326	0.787				
自我效能感	0.570	0.664	0.384	0.780			
组织心理所有权	0.563	0.448	0.552	0.580	0.829		
感知个人知识所有权	0.273	0.324	0.255	0.495	0.355	0.762	
知识隐藏行为	−0.290	−0.309	−0.269	−0.440	−0.513	−0.275	0.863

注：斜对角线数字为 AVE 平方根值。

由表 4-6 的分析结果可知：专业认同感的观测变量标准化因子载荷均大于 0.5，且 p 值小于 0.05，CR 值大于 0.7，AVE 值大于 0.5，表明专业认同感的聚合效度较好；专业认同感的 AVE 平方根值大于该维度与其他维度的相关系数值，表明该维度题项判别效度较好。由此，说明具有较好的区分效度。综上所述，专业认同感及其内部题项具有较好的结构效度。

主动性人格的观测变量标准化因子载荷均大于 0.5，且 p 值小于

0.05，CR 大于 0.7，AVE 值大于 0.5，表明主动性人格的聚合效度较好；主动性人格的 AVE 平方根值大于该维度与其他维度的相关系数值，表明该维度题项判别效度较好。由此，说明具有较好的区分效度。综上所述，主动性人格及其内部题项具有较好的结构效度。

变革型导师的观测变量标准化因子载荷均大于 0.5，且 p 值小于 0.05，CR 大于 0.7，AVE 值大于 0.5，表明变革型导师的聚合效度较好；变革型导师的 AVE 平方根值大于该维度与其他维度的相关系数值，表明该维度题项判别效度较好。由此，说明具有较好的区分效度。综上所述，变革型导师及其内部题项具有较好的结构效度。

自我效能感的观测变量标准化因子载荷均大于 0.5，且 p 值小于 0.05，CR 大于 0.7，AVE 值大于 0.5，表明自我效能感的聚合效度较好；自我效能感的 AVE 平方根值大于该维度与其他维度的相关系数值，表明该维度题项判别效度较好。由此，说明具有较好的区分效度。综上所述，自我效能感及其内部题项具有较好的结构效度。

组织心理所有权的观测变量标准化因子载荷均大于 0.5，且 p 值小于 0.05，CR 大于 0.7，AVE 值大于 0.5，表明组织心理所有权的聚合效度较好；组织心理所有权的 AVE 平方根值大于该维度与其他维度的相关系数值，表明该维度题项判别效度较好。由此，说明具有较好的区分效度。综上所述，组织心理所有权及其内部题项具有较好的结构效度。

感知个人知识所有权的观测变量标准化因子载荷均大于 0.5，且 p 值小于 0.05，CR 大于 0.7，AVE 值大于 0.5，表明感知个人知识所有权的聚合效度较好；感知个人知识所有权的 AVE 平方根值大于该维度与其他维度的相关系数值，表明该维度题项判别效度较好。由此，说明具有较好的区分效度。综上所述，感知个人知识所有权及其内部题项具有较好的结构效度。

知识隐藏行为的观测变量标准化因子载荷均大于0.5，且p值小于0.05，CR大于0.7，AVE值大于0.5，表明知识隐藏行为的聚合效度较好；知识隐藏行为的AVE平方根值大于该维度与其他维度的相关系数值，表明该维度题项判别效度较好。由此，说明具有较好的区分效度。

综上所述，知识隐藏行为及其内部题项具有较好的结构效度。下一步，将继续使用AMOS软件进行结构方程模型验证，探究各因素间的影响路径，从而检验假设是否成立。

三、研究假设检验

1. 模型拟合检验

在社会科学、经济金融、心理学及管理学的研究中，很多时候存在无法直接观测的潜在变量，例如学习动机、用户满意度等，传统的统计方法无法很好地解决此类问题，而结构方程模型在20世纪80年代就已经成熟，能够很好地弥补传统统计方法带来的不足。结构方程模型可以同时处理多个因变量，也就是内生变量。在传统回归模型的回归系数和路径分析中的路径系数，是对每一个因变量进行逐一计算得出的，而忽略了其他因变量的影响，而在结构方程中，会充分考虑其他因子的存在与否，也就是说各因子内的结构会兼顾其他同时存在的变量进行调整和变化，从而不仅因子间的关系会发生变化，因子内部的结构也会发生变化。

结构方程模型包含测量模型和结构模型即潜变量之间的关系模型两部分。在获得模型参数估测数值之后，还应该对这一模型实施检验与评定，主要目的就是测验拟定的模型是否具有统计学意义，以及是不是需要调整。而这一评定的内容包含两类：拟合度检验和参数检验。测量模型在结构方程模型中就是验证性因子分析，结构模型则是对变量之间因果关系模型的说明。本研究首先依据理论模型和假设，建立结构方程模型，并利用 AMOS 24.0 软件检验拟合度，如图 4-2 所示。

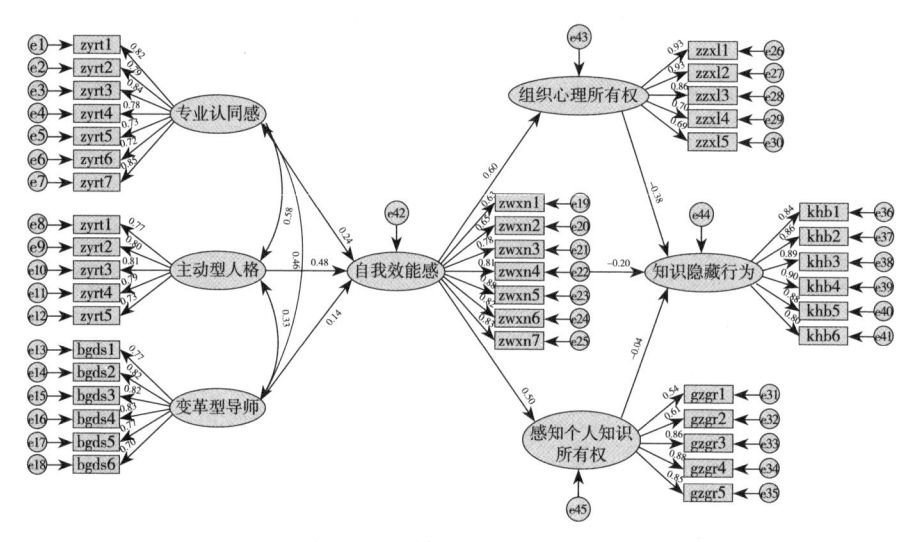

图 4-2 结构方程模型检验

2. 结构方程模型路径关系假设检验结果

使用 AMOS 24.0 软件，采用极大似然估计法对结构模型进行路径分析，如表 4-7 所示，路径系数的标准误差 S.E. 均为正数且未出现异常偏大现象，相对应的临界值 C.R. 的绝对值均大于 1.96，说明回归系数值在 0.05 的水平上具有显著性差异。路径系数显著性检验的标准为：当临界比值大于 1.96，在 $p < 0.05$ 的水平下显著；当临界比值大于 2.58，在 $p < 0.01$ 的水平下显著。

表 4-7 路径系数与假设结果检验

路径	路径系数	S.E.	C.R.	p
自我效能感 <-- 专业认同感	0.240	0.043	3.678	***
自我效能感 <-- 主动性人格	0.484	0.052	6.691	***
自我效能感 <-- 变革型导师	0.140	0.036	2.610	0.009
组织心理所有权 <-- 自我效能感	0.602	0.114	8.984	***
感知个人知识所有权 <-- 自我效能感	0.500	0.066	6.255	***
知识隐藏行为 <-- 感知个人知识所有权	−0.045	0.115	−0.722	0.470
知识隐藏行为 <-- 组织心理所有权	−0.380	0.061	−5.572	***
知识隐藏行为 <-- 自我效能感	−0.196	0.118	−2.559	0.011

注：*** 表示在 P < 0.01 的水平上显著。

由表 4-7 的检验结果可知，模型拟合指数基本达标，因此可以进行变量间的路径分析和假设检验。

专业认同感对自我效能感的标准化路径系数为 0.240（p < 0.05），说明专业认同感对自我效能感具有显著的正向影响作用，故假设 H2 成立。

主动性人格对自我效能感的标准化路径系数为 0.484（p < 0.05），说明主动性人格对自我效能感具有显著的正向影响作用，故假设 H4 成立。

变革型导师对自我效能感的标准化路径系数为 0.140（p < 0.05），说明变革型导师对自我效能感具有显著的正向影响作用，故假设 H3 成立。

自我效能感对组织心理所有权的标准化路径系数为 0.602（p < 0.05），说明自我效能感对组织心理所有权具有显著的正向影响作用，故假设 H5 成立。

自我效能感对感知个人知识所有权的标准化路径系数为 0.500（$p < 0.05$），说明自我效能感对感知个人知识所有权具有显著的正向影响作用，故假设 H7 成立。

感知个人知识所有权对知识隐藏行为的标准化路径系数为 −0.045（$p > 0.05$），说明感知个人知识所有权对知识隐藏行为没有显著的影响作用，故假设 H8 不成立。

组织心理所有权对知识隐藏行为的标准化路径系数为 −0.380（$p < 0.05$），说明组织心理所有权对知识隐藏行为具有显著的负向影响作用，故假设 H6 成立。

自我效能感对知识隐藏行为的标准化路径系数为 −0.196（$p < 0.05$），说明自我效能感对知识隐藏行为具有显著的负向影响作用，故假设 H1 成立。

3. 中介作用检验

从已得到的检验结果可以看出，专业认同感、变革型导师、主动性人格正向影响自我效能感，自我效能感正向影响组织心理所有权、自我效能感正向影响知识隐藏行为，组织心理所有权正向影响知识隐藏行为，自我效能感正向影响感知个人知识所有权，因此，需要对变量间的中介效应进行检验。根据 Zhao（2010）的研究，采用 Bootstrap 分析法对中介效应进行检验，以知识隐藏行为作为因变量，以专业认同、变革型导师、主动性人格作为自变量，以自我效能感、组织心理所有权、感知个人知识所有权作为中介变量。在置信区间 95% 的条件下重复抽样 2000 次，来查看间接效应在 95% 置信区间是否包括 0 检验（即中介效应不显著）、是否存在中介效应，检验结果如表 4-8 所示。

表 4-8 中介效应检验的 Bootstrap 分析

路径关系	Estimate	Lower	Upper	p
专业认同感—自我效能感—组织心理所有权	0.145	0.041	0.254	0.005
主动性人格-自我效能感—组织心理所有权	0.291	0.200	0.386	0.001
变革型导师—自我效能感—组织心理所有权	0.084	0.007	0.169	0.033
专业认同感—自我效能感—感知个人知识所有权	0.120	0.037	0.211	0.005
主动性人格—自我效能感—感知个人知识所有权	0.242	0.148	0.350	0.001
变革型导师—自我效能感—感知个人知识所有权	0.070	0.009	0.147	0.028
专业认同感—自我效能感—知识隐藏行为	−0.047	−0.121	−0.010	0.006
主动型人格—自我效能感—知识隐藏行为	−0.095	−0.185	−0.023	0.008
变革型导师—自我效能感—知识隐藏行为	−0.027	−0.075	−0.004	0.017
自我效能感—组织心理所有权—知识隐藏行为	−0.229	−0.334	−0.136	0.001
自我效能感—感知个人知识所有权—知识隐藏行为	−0.022	−0.099	0.041	0.527
专业认同感—自我效能感—组织心理所有权—知识隐藏行为	−0.055	−0.123	−0.016	0.003
主动性人格—自我效能感—组织心理所有权—知识隐藏行为	−0.111	−0.179	−0.065	0.000
变革型导师—自我效能感—组织心理所有权—知识隐藏行为	−0.032	−0.070	−0.005	0.020
专业认同感—自我效能感—感知个人知识所有权—知识隐藏行为	−0.005	−0.029	0.009	0.396
主动性人格—自我效能感—感知个人知识所有权—知识隐藏行为	−0.011	−0.053	0.020	0.503
变革型导师—自我效能感—感知个人知识所有权—知识隐藏行为	−0.003	−0.021	0.005	0.402

由上述检验结果，可以得出以下结论。

"专业认同感—自我效能感—组织心理所有权"的标准化间接影响系数为0.145，间接效应置信区间不包含0，p值小于（等于）0.05，可知自我效能感在专业认同感和组织心理所有权之间起到中介作用，故假设H12成立。

"主动性人格—自我效能感—组织心理所有权"的标准化间接影响系数为0.291，间接效应置信区间不包含0，p值小于0.05，可知自我效能感在主动性人格和组织心理所有权之间起到中介作用，故假设H14成立。

"变革型导师—自我效能感—组织心理所有权"的标准化间接影响系数为0.084，间接效应置信区间不包含0，p值小于0.05，可知自我效能感在变革型导师和组织心理所有权之间起到中介作用，故假设H13成立。

"专业认同感—自我效能感—感知个人知识所有权"的标准化间接影响系数为0.120，间接效应置信区间不包含0，p值小于（等于）0.05，可知自我效能感在专业认同感和感知个人知识所有权之间起到中介作用，故假设H15成立。

"主动性人格—自我效能感—感知个人知识所有权"的标准化间接影响系数为0.242，间接效应置信区间不包含0，p值小于0.05，可知自我效能感在主动性人格和感知个人知识所有权之间起到中介作用，故假设H17成立。

"变革型导师—自我效能感—感知个人知识所有权"的标准化间接影响系数为0.070，间接效应置信区间不包含0，p值小于0.05，可知自我效能感在变革型导师和感知个人知识所有权之间起到中介作用，故假设H16成立。

"专业认同感—自我效能感—知识隐藏行为"的标准化间接影响系

数为 –0.047，间接效应置信区间不包含 0，p 值小于 0.05，可知自我效能感在专业认同感和知识隐藏行为之间起到中介作用，故假设 H9 成立。

"主动性人格—自我效能感—知识隐藏行为"的标准化间接影响系数为 –0.095，间接效应置信区间不包含 0，p 值小于 0.05，可知自我效能感在主动性人格和知识隐藏行为之间起到中介作用，故假设 H11 成立。

"变革型导师—自我效能感—知识隐藏行为"的标准化间接影响系数为 –0.027，间接效应置信区间不包含 0，p 值小于 0.05，可知自我效能感在变革型导师和知识隐藏行为之间起到中介作用，故假设 H10 成立。

"自我效能感—组织心理所有权—知识隐藏行为"的标准化间接影响系数为 –0.229，间接效应置信区间不包含 0，p 值小于 0.05，可知组织心理所有权在自我效能感和知识隐藏行为之间起到中介作用，故假设 H18 成立。

"自我效能感—感知个人知识所有权—知识隐藏行为"的标准化间接影响系数为 –0.022，间接效应置信区间包含 0，p 值大于 0.05，可知感知个人知识所有权在自我效能感和知识隐藏行为之间没有起到中介作用，故假设 H19 不成立。

"专业认同感—自我效能感—组织心理所有权—知识隐藏行为"的标准化间接影响系数为 –0.055，间接效应置信区间不包含 0，p 值小于 0.05，可知自我效能感和组织心理所有权在专业认同感和知识隐藏行为之间起到链式中介作用，故假设 H20 成立。

"主动性人格—自我效能感—组织心理所有权—知识隐藏行为"的标准化间接影响系数为 –0.111，间接效应置信区间不包含 0，p 值小于 0.05，可知自我效能感和组织心理所有权在主动性人格和知识隐藏行为之间起到链式中介作用，故假设 H22 成立。

"变革型导师—自我效能感—组织心理所有权—知识隐藏行为"的标准化间接影响系数为 –0.032，间接效应置信区间不包含 0，p 值小于 0.05，可知自我效能感和组织心理所有权在变革型导师和知识隐藏行为之间起到链式中介作用，故假设 H21 成立。

"专业认同感—自我效能感—感知个人知识所有权—知识隐藏行为"的标准化间接影响系数为 –0.055，间接效应置信区间包含 0，p 值大于 0.05，可知自我效能感和感知个人知识所有权在专业认同感和知识隐藏行为之间没有起到链式中介作用，故假设 H23 不成立。

"主动性人格—自我效能感—感知个人知识所有权—知识隐藏行为"的标准化间接影响系数为 –0.011，间接效应置信区间包含 0，p 值大于 0.05，可知自我效能感和感知个人知识所有权在主动性人格和知识隐藏行为之间没有起到链式中介作用，故假设 H25 不成立。

"变革型导师—自我效能感—感知个人知识所有权—知识隐藏行为"的标准化间接影响系数为 –0.003，间接效应置信区间包含 0，p 值大于 0.05，可知自我效能感和感知个人知识所有权在变革型导师和知识隐藏行为之间没有起到链式中介作用，故假设 H24 不成立。

第五章 个体间知识隐藏行为的研究

第一节 引言

学术知识是硕/博士研究生开展学术研究的核心基础，同时也是他们进行科研活动的关键资源。研究生个体的学术知识积累和创新能力直接影响科研工作的推进，而高效的学术知识管理对于学术机构保持竞争优势同样至关重要。在研究生教育实践中，个体之间的紧密联系、知识共享与合作互动构成了学术共同体的基础，知识共享被视为促进研究生学术成长、知识增值和创新的重要机制。现有研究主要关注研究生群体的学习与学术发展特征，揭示了导学关系异化、同伴关系疏离以及学术合作效率低下等问题（吴东姣等，2019），但未能探寻其中更为复杂的交往机制问题，更鲜少关注知识隐藏现象在研究生个体间的发生与弥散。

研究生个体之间的知识隐藏行为阻碍了学术知识的生产与流通，不仅对研究生的创新能力产生消极影响，也不利于学术组织的整体发展。由于知识权利的非完全性，个体难以在知识共享与知识隐藏之间做出"非黑即白"的选择，而往往倾向于采取折中或灵活的策略来管理其知识资源，以维护自身的知识权益（蔡瑞林等，2021）。然而，如果个体的知识管理仅关注自身对知识的掌控，忽视整体创新能力的提升，从长期和可持续发展的角度来看，对于个人和组织都是不利的。基于此，本研究从研究生个体间的知识隐藏行为出发，分析其行为策略的影响因素，并构建理论模型，以探讨知识隐藏的作用机制，进而推动研究生培养体系的知识共享生态建设，促进深度合作的学术共同体发展。

第二节 研究设计

一、研究方法

知识隐藏行为受多种复杂的情境因素影响,因此,有必要深入挖掘其背后的逻辑机理。本研究采用质性研究中的扎根理论范式与方法,对研究生个体间知识隐藏现象的形成机制及其影响因素进行探索性分析。扎根理论是一种基于过程性和互动性经验材料的研究方法,研究者通过自下而上的描述性解释、概念提炼和聚类分析,揭示研究主题,并构建核心概念之间的逻辑关系,从而形成理论框架(陈向明,2000)。该方法被广泛应用于社会现象的描述性研究,尤其是在教育学和社会学等领域受到高度认可。因此,运用扎根理论,以研究生在日常交往、学术研究和学业互动中的知识隐藏现象为切入点,探讨知识隐藏的影响因素及其背后的复杂作用机制,具有较强的适用性。

二、访谈对象

基于目的性抽样方法,本研究选取了28名有过知识隐藏意向与行为或感受过他人知识隐藏行为的研究生进行访谈,其中硕士研究生15名(编号为M1~M15)、博士研究生13名(编号为D16~D28),包括人文社会学专业18名、自然科学专业10名,男生10名、女生18名。本研究主要采用关键个案抽样和异质性抽样相结合的方式。关键个案抽样的核心标准是受访研究生对知识隐藏现象的感知程度，所有受访者均在不同程度上经历或察觉到了知识隐藏行为。异质性抽样则确保样本在年级、性别和专业类型上具有广泛的代表性——受访者的年级分布均衡，性别比例大致相当，专业涵盖人文社会科学和自然科学领域。

此外，为了确保访谈资料能够客观、全面地反映研究问题，在受访者选择上遵循以下原则：一是受访者彼此之间无直接关联，以避免因顾虑而影响访谈的真实性；二是所有受访者均是通过熟人推荐，与研究者建立了较为稳定的信任关系，从而提高访谈资料的可靠性。

三、数据收集

本研究采用一对一半结构化访谈的方式进行数据收集。访谈前，研究者预先拟定访谈提纲，以明确访谈的基本方向和核心问题。访谈过程中，研究者围绕提纲展开交流，但并不局限于固定的问题，而是根据受访者的回答进行追问，以获取更为深入和丰富的信息，实现深度访谈的目的。在征得受访者同意后，访谈全程录音，并在访谈结束后立即整理记录。

对于语义模糊或追问不充分的部分，研究者安排了二次访谈，以确保访谈资料的完整性和准确性。每次访谈结束后，研究人员都会及时整理录音内容、访谈记录、信息本及备忘录。其中，备忘录的整理与访谈和编码同步进行——在每次访谈后，研究者对受访者多次提及的概念进行初步编码，逐步提升概念化水平，为后续的正式编码提供思路和框架。全部资料收集工作历时28天，每次访谈的语音时长为40~60分钟，总时长为22小时16分钟。

本研究将访谈过程的完整性和针对性作为筛选标准，剔除未完成或内容缺失以及与研究主题关联性较弱的访谈内容，最终筛选出27份有效访谈数据。经过整理，形成了约 10 万字的初始文本数据。

为确保访谈资料分析的标准化与规范性，本研究借助 Nvivo 12 作为编码工具，对原始资料进行程序化编码。基于科学的编码结果，研究进一步构建了理论模型，以保证数据分析的系统性和严谨性。

四、资料编码与分析

1. 开放式编码（一级编码）

开放式编码作为一级编码，旨在通过仔细阅读原始访谈材料，逐字逐句地提取关键概念，并梳理出这些概念之间的逻辑关系。在此过程中，研究者会将相似的概念进行归类，逐步构建出更具层次性的概念类属。在本研究中，经过对访谈数据的深入分析，研究者从中挖掘出了 35 个初始概念，并进行了命名，如"知识属性""时间投入""团队氛围""导师指导风格""人格特质"等。接下来，研究者将这些初始概念进行整合与归并，最终提炼出 12 个初始范畴，这为后续的编码过程以及理论构建提供了基础，如表 5-1 所示。

表 5-1 开放式编码示例

原始资料语句	开放式编码	
	初始概念化	类属化
组内成员之间沟通少，关系不亲密……	关系程度	个体因素（A3）
……担心自己说不清楚，事倍功半	人格特质	
……由于有过回答错误被嘲笑的经历，因此担心回答错了，又会被组内成员或教师嘲笑或批评	曾经经历	

续表

原始资料语句	开放式编码	
	初始概念化	类属化
……导师激励和鼓舞组内成员分享知识	导师鼓励	导师指导风格（A5）
……导师非常关注绩效，如科研产出工作完成度等，组内竞争激烈	导师推动	
……导师比较忙，与学生的工作交流、知识反馈很少	导师反馈	

2. 主轴编码（二级编码）

主轴式编码作为二级编码，其核心任务是挖掘并建立各概念类属之间的相互关系，以揭示资料中各部分的有机联系（陈向明，2000）。在本研究中，研究者对一级编码所得的概念类属进行反复的比较与分析，探索它们之间的关联，并通过归纳整合形成更高层次的类属。最终，在一级编码提炼出的13个初始范畴的基础上，进一步归纳出5个主类属，为理论模型的构建奠定了基础，如表5-2所示。

表5-2 主轴编码示例

主范畴	对应范畴	关系内涵
知识属性	知识自然属性	知识的复杂性、内隐性和嵌入性等固有的自然属性会导致知识拥有者不易表达和展示知识
	知识社会属性	知识拥有者对知识所有权的主观判断，认为知识所有权是属于个人所有（"我的知识"）还是组织所有（"我们的知识"）

续表

主范畴	对应范畴	关系内涵
组内环境	团队氛围	团队内部是形成了良性的知识共享氛围和公平公正氛围，还是形成了不良的竞争氛围
	导师指导方式	导师的行为示范、语言和反馈方式是属于促进型还是防御型
	双方人际关系	知识寻求者和知识拥有者双方的人际关系强度、人际互惠和人际信任等会影响知识隐藏行为
个性特征	知识寻求者能力	知识寻求者的学习、理解或动手等能力越低，知识拥有者越可能隐藏知识，从而避免时间和精力的浪费
	人格特质	知识拥有者的亲和性、尽责性、谨言慎行、自私自利或功利主义等人格特质会影响其知识隐藏行为
	自我效能感	知识拥有者对自身知识正确性和无误性的信心会影响知识隐藏行为
	专业认同	知识拥有者对专业未来发展的信心会影响知识隐藏行为
规避损失	潜在风险	知识拥有者为了规避自身利益损失、知识权力损失或被替代等，会选择隐藏知识
	知识寻求者动机	知识寻求者对知识学习的动机会影响知识隐藏行为
时间投入	问题提问的方式与时间	知识寻求者提问的方式与时间会影响知识隐藏行为
	答复步骤过程复杂程度	问题答复的复杂程度会影响知识隐藏行为

在主轴式编码过程中，需要进一步探究各副范畴之间的内在联系，并在此基础上凝练出更具概括性的主范畴，同时明确副范畴与主范畴之间的关系。经过系统的整理与归纳，本研究最终提炼出个体因素、知识特征、环境因素3个主范畴，为研究生个体间知识隐藏行为的影响机制提供了更加清晰的理论框架。

个体因素反映了学习者自身的个性化特征，包括个性特征和规避损失。其中，规避损失涉及知识拥有者对分享知识可能带来的损失评估，包含潜在风险和知识寻求者动机两个副范畴。知识流动是在不断沟通交流的过程中实现的，所有参与者对学习或知识共享的态度都会形成特定的知识交流氛围，进而影响知识拥有者的行为选择。个体因素构成了学习者在知识交流过程中自我认知的重要内容，是影响其知识隐藏或共享行为的关键因素。

知识特征是在线学习环境中知识交流的内容，包括时间投入、知识属性两个副范畴。在线学习者对问答过程的感知，以及对知识或问题本身的特征认知，都会影响其是否选择隐藏知识。

作为学习者在线学习过程中直接感知和接触的外部条件，环境因素（组内环境和技术环境）会对知识隐藏行为产生影响。其中，组内环境是其核心的副范畴，不同的学习环境可以提供不同的学习体验与氛围，进而影响学习者的知识交流意愿。

3. 选择式编码

选择式编码是在二级编码的基础上，进一步分析主类属与相关类属之间的关系，并归纳出能够统摄研究主题的核心类属。核心类属的确立有助于构建更具整体性的理论框架，将研究结果纳入更广泛的理论视角之中。

在本研究中，通过前两轮编码分析，研究者对个体因素、知识特征、环境因素3个主范畴及其内部关联进行了系统梳理，并最终将核心类属确定为"研究生知识隐藏行为的影响因素"。这一核心类属能够涵盖本研究的主要发现，并为深入理解研究生个体间的知识隐藏形成机制提供理论支撑，如图5-1所示。

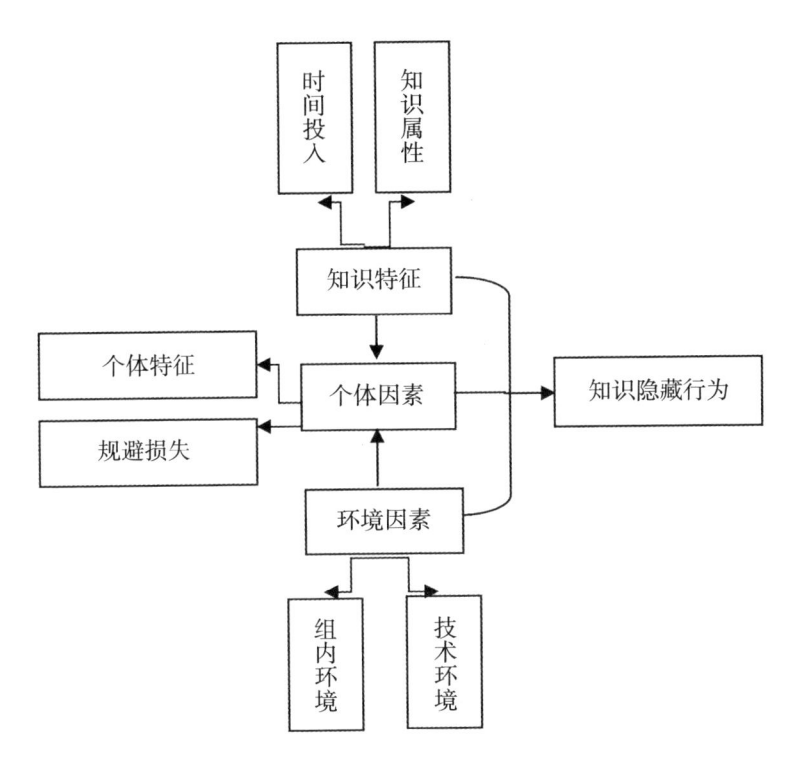

图 5-1　研究生个体间的知识隐藏形成机制模型

4. 饱和度检验

本研究采用理论饱和度检验方法，对预留的 4 份访谈资料进行了再编码，以验证研究结果的稳定性和完整性。研究者在这个过程中对访谈数据进行了重新编码，提取概念并归纳了相关类属及主类属。经过有效性检验，未发现新的属性关系，也没有出现原有的 3 个主类属下的新相关类属。这表明，研究中归纳出的 13 个相关类属已经趋于饱和，且不再出现新的核心概念或结构性调整。因此，可以得出结论：该研究所构建的模型在理论上已经达到了饱和状态，各要素的结构及其相互关系具有较强的稳定性和解释力。

第三节　模型建构与解释

本研究聚焦于"研究生知识隐藏行为的影响因素"。围绕这一核心类属的"故事线",可以概括为:个体因素、知识特征、环境因素3个主类属对研究生个体间的知识隐藏行为有着显著影响。

一、个体因素

个人的主观感受与客观经历所带来的潜在心理影响通常被概括为内源性个体因素,这一因素与组织内个体的知识隐藏行为密切相关。作为知识隐藏的主体,研究生个体因其认知模式、思维方式、学习体验以及生活经历的不同,形成了各自独特的性格特征,从而影响他们在知识分享过程中的行为选择。

本研究通过主轴编码提炼出"知识寻求者能力""人格特质""自我效能感""专业认同"作为个体因素的类属概念。不同的性格特征、个人能力、对自我能力的感知以及对自身专业的认同感,都会影响个体对知识分享的态度,并可能触发不同程度的知识隐藏行为。

在个人性格方面,研究发现,主动性人格的研究生更倾向于分享知识,而内向型人格的研究生则表现出沉默寡言的特征,更可能选择知识隐藏。例如,一位受访者提到:"我对所有事情都比较积极乐观,所以愿意和别人交流、分享。"相反,自我认同感较低或学术优越感较高的研究生也倾向于隐藏知识,但二者的行为逻辑有所不同:自我认同感较低的研究生，往往因对自身知识掌握的信心不足而选择隐藏；学术优越感较高的研究生，则可能基于优越感而不愿意分享知识。例如，有受访者表示："他喜欢那种优越感，觉得知识是他研究出来的，不愿意把原理教给别人。"

此外，趋低避高型人格的研究生更关注避免失败，因此更容易出现知识隐藏行为。例如，有受访者提到："有些人就喜欢自己偷偷地学，不想被别人知道，也不愿意分享学习过程和结果。"

在专业认同方面，专业认同感可被定义为学生对所学专业的认同感及愿意为之付出努力的积极态度。研究发现：专业认同感较高的研究生往往责任感更强，希望从个人的长远职业规划出发，并推动整个研究领域的发展，因而更愿意承担知识传播者的角色；专业认同感较低的研究生，则更倾向于保护自身的优势，控制知识传播，以达到知识隐藏的目的。

由于知识积累和新知识发现通常具有漫长性和偶然性，因此，专业认同感较低的研究生可能会对自身获取的知识产生情感依附，并对这些知识形成"领地意识"，从而倾向于隐藏知识，以维护自身在学术竞争中的优势。

二、知识特征

知识具有复杂性与高阶性的特征，与其他资源不同，其难以掠夺性使得知识拥有者在共享过程中更加谨慎。这种特性意味着知识难以被轻易获取或复制，因此，知识持有者可能会担忧自身优势受损，从而不愿主动分享所掌握的知识资源。这种心理与行为倾向直接导致了知识隐藏行为的发生，使知识流动受阻，影响个体间的合作与创新（Singh，

2019）。

本研究通过主轴编码提炼出知识特征的类属概念，并发现其作为强化研究生个体间知识隐藏行为的重要影响因素，不仅体现在知识资源的难以掠夺性层面，还持续影响后续发展阶段。当研究生投入大量时间与精力掌握某项知识资源后，往往会对其产生较强的专属私有性态度，从而进一步强化知识隐藏意向，并最终影响实际的隐藏行为。

知识特征包括时间投入、知识属性两个副范畴，而知识属性又可归纳为知识自然属性和知识社会属性两个主要因子。

1. 知识自然属性

复杂性、内隐性和嵌入性较强的知识往往需要较多的时间、精力或资源投入，因此，为了规避过高的分享成本，研究生更倾向于隐藏这类知识。例如，一位受访者表示："如果某项知识很复杂，需要花很长时间去教授，有些人可能就会敷衍了事，或者假装自己也不会。"

2. 知识社会属性

不同的知识所有权感知（"我的知识"或"我们的知识"）会影响个体的规避损失意识，进而间接影响知识隐藏行为。例如，受访者提到："如果知识是通过自己的资源和努力获得的，并没有借助他人的资源，那么会认为这项知识是我个人的。""分享个人私有知识很可能造成自身利益受损。""集体培训学习收获的知识，我认为理应属于大家共有，分享这些知识的同时也能听取他人的见解，加深自己的理解。"这些访谈内容表明，研究生在共享或隐藏知识时，会基于知识的特性和社会属性进行权衡，而知识所有权的认知方式对其知识分享行为起到了重要的调节作用。Trenck（2016）也指出，拥有组织稀缺的私有知识会使知识拥有者产生"知识领地"心理，个体往往会为了避免"知识领地"损失而选择隐藏知识。

三、环境因素

在组织内部，成员间的竞争感会显著增强个体对知识的控制意识。为了避免自身利益受损或资源被他人掠取，知识所有者往往会采取保护性策略，以维持对所掌握知识的控制权。这种控制不仅体现在有意减少知识共享的深度和广度，还可能表现为选择性传授、信息模糊化甚至刻意隐瞒关键信息，从而形成不同程度的知识隐藏行为。组织内部的竞争氛围在一定程度上强化了知识所有者的知识保护意识，促使其采取不同程度的知识隐藏策略，以维护自身利益和职业竞争力（周娟，2020）。在我国研究生教育规模不断扩大的背景下，竞争已成为研究生培养的常态，"内卷"现象愈发凸显，逐渐成为研究生教育的重要标签。然而，这种"内卷式竞争"并未促进研究生个体间的合作与知识共享，反而加剧了学业压力，使知识隐藏行为在无形之中获得了制度化的正当性。本研究发现，在逐渐显现零和博弈特征的研究生培养环境中，研究生个体间的知识隐藏行为主要受到资源竞争与互动方式的影响。同时，不同年级和学科属性的研究生在知识隐藏行为上存在显著的异质性：高年级研究生可能因科研成果竞争、毕业压力等因素，更倾向于隐藏关键信息，而低年级研究生则可能因经验不足或依赖导师、同门指导，在知识隐藏上表现较为缓和；人文社科类学科由于研究方法的开放性与论述性的特点，知识共享相对较多，而自然科学类学科，特别是涉及实验数据、技术专利等领域，知识隐藏行为更为明显。

综上所述，研究生培养环境中的竞争压力与学术管理模式在一定程度上强化了研究生的知识保护意识，使得知识隐藏行为在特定环境中成为一种策略性选择（叶晓力等，2024）。研究生个体间的知识隐藏行为在竞争性因素、交流互动方式、学科属性和学习阶段等多个维度上表现出显著的差异性和规律性。

1. 竞争性因素的主导作用

研究生培养体系中的竞争性因素，如评奖评优的有限名额、课题组之间的利益冲突、论文发表的数量要求，在很大程度上塑造了研究生的知识隐藏行为。多数受访者强调："无论是评定奖学金还是优秀称号，我们最终都只是看成果。""每个人都生怕自己的课题和研究成果被别人抢走。"这种"成果至上"的竞争环境使研究生更倾向于保护自己的知识资源，以确保自身的学术优势，从而增强在奖项评比、论文发表和科研项目申请等方面的竞争力。

2. 交流互动方式对知识隐藏行为的影响

交流的开放性与深度直接影响研究生个体间的知识隐藏行为：深度互动减少知识隐藏，当研究生之间的交流深入且开放时，更容易形成知识共享的氛围，减少知识隐藏行为；浅层互动助长知识隐藏，若组内交流流于形式，缺乏真正的信息交换，则研究生个体可能更倾向于隐藏关键知识。例如，有受访者表示："组内交流的方式往往流于形式，不够深入，无法获得真正有价值的信息。"

3. 学科属性对知识隐藏行为的影响

不同学科的研究模式决定了知识隐藏行为的发生概率和表现形式：人文社科类研究生的学习模式更倾向于"单打独斗"，研究议题具有较强的个人属性，因此知识共享的动力较弱，知识隐藏现象较为普遍；理工科类研究生通常采用"抱团取暖"的团队研究模式，但这种模式往往存在课题组之间的知识壁垒，导致组间的知识隐藏现象较为严重。

4. 学习阶段对知识隐藏行为的影响

知识隐藏行为在不同年级的研究生之间存在显著差异：低年级研究生由于刚进入学术领域，知识储备相对较少，彼此之间的知识水平差距不大，因此知识隐藏行为较少；高年级研究生随着学术积累的增长、个体的知识位势提升，知识储备的独特性增加，知识隐藏行为也随之增强。受访者表示："知识隐藏的意向在新生年级很少或几乎不存在，但随着自身掌握的知识越来越丰富，在高年级可能就会产生隐藏的想法或进行知识隐藏。"

在研究生知识隐藏行为形成的诸多因素中，竞争压力、交流方式、学科属性和学习阶段共同构建了这一复杂的知识流动机制。同时，随着网络技术的迅猛发展，越来越多的学术活动和交流从线下转移到线上，这一转变不仅使得学习行为更加自由，也让知识分享的模式变得更加难以预测和管控。

技术的发展不仅改变了学习者的行为模式，也对其知识分享和隐藏行为产生了深远影响。例如，技术环境的质量直接影响学习者的互动体验，当平台功能不完善、网络信号不稳定或使用门槛较高时，学习者可能就会因为操作困难、交流受阻而减少分享意愿，甚至主动选择隐藏知识。例如，有受访者反映："有时网络信号不稳定，使用起来特别麻烦。""平台操作不够友好，我也就懒得分享我所掌握的内容。"还有人表示："平时太忙了，就只好敷衍地回复一个表情。"这些表述反映出，技术的不便性或低质量的技术体验会直接降低研究生的知识共享意愿，从而促进知识隐藏行为的产生。

  总的来说，技术环境作为影响研究生学习行为的重要外部因素，其优劣直接关系到知识分享与隐藏之间的平衡。因此，提高线上学习平台的稳定性、优化交互设计、提供更流畅的沟通体验，不仅有助于提高学习体验，也能在一定程度上减少知识隐藏现象，推动更加开放、有效的学术交流。只有当技术真正服务于学习者需求，营造高质量的学习环境，才能有效推动知识的自由流动。

第四节 研究结论与培养建议

我国的研究生教育是高等教育体系的重要组成部分，涵盖硕士研究生和博士研究生两个层次。学术知识的生产是研究生学术素养提升的关键，其培养目标在于为社会、学术界和产业界输送高层次人才，推动科技创新、经济发展和社会进步。近年来，随着研究生教育规模的扩大和培养模式的改革，我国的研究生培养体系日趋完善，并呈现新的发展趋势。然而，知识隐藏行为的普遍化阻碍了学术知识的传播与再生产，不仅削弱了学术共同体的知识创新能力，也对个人的长期发展产生了负面影响。

本研究基于扎根理论，构建了研究生个体间知识隐藏行为的影响因素模型。研究结果表明，个体因素、知识特征和环境因素均对知识隐藏行为产生显著影响。值得注意的是，知识共享并非零和博弈，研究生个体间的深度交流与思想碰撞所创造的知识价值以及团队收益，远比出于个人利益考量的知识隐藏行为更具长远意义。因此，畅通知识共享渠道、打破知识隐藏的恶性循环，不仅有助于构建良好的知识共享环境，还能促进研究生间的协作，提高个体创造力，并拓展和谐的人际关系。

一、关注个体知识管理素养，提升知识共享能力

知识隐藏不仅是个体在追求自身利益最大化过程中采取的一种知识管理策略，某些情况下还可能引发欺骗、投机取巧等不良现象。事实

上，知识隐藏是知识治理的重要议题，打破从隐藏到共享的壁垒，需要关注个体的知识管理素养，并致力于提升其知识共享能力。因此，要减少研究生个体间的知识隐藏行为，必须正视其知识管理行为，并采取有效的措施加以引导和优化。

一方面，研究生的知识共享能力有赖于其知识储备、知识理解程度、知识表达能力等。Kumar Jha 和 Varkkey（2018）的研究指出，自身能力不足也可能是导致知识隐藏的关键诱因，本研究也证实了这一结论。基于此，研究生培养应坚持深度学习与终身学习理念，注重学术知识的获取、转化与应用，以提升研究生的学术能力为导向，激发其知识共享的内在动力，从而畅通"发现自身不足并虚心求教"与"通过知识交流深化理解"的互动路径。在教学与科研过程中，除了帮助学习者掌握专业知识的内容与框架，还需引导其了解学科发展的历史、现状、挑战及未来趋势，并将领域知识与国家发展战略及社会文明进程相结合。此外，导师应加强领域相关的伦理教育，培养研究生的学术责任感，使其意识到自身在推动学科健康发展中的责任。通过专业认同品质的塑造，构建导师与学生之间相互激励、共同进步的良性互动关系。

另一方面，研究生的知识管理素养在促进其知识共享方面发挥着积极作用，而知识隐藏行为在一定程度上反映了知识管理素养的不足。长期以来，教学过程中往往侧重于培养学习者对知识点的积累能力，而忽视了他们自主追踪知识的能力。前者是基于掌握特定的学习或研究方法，以获取本领域内明确目标的知识；后者则是在缺乏具体目标的情况下，通过质疑、探索、搜索和询问，逐步追踪知识线索，直至形成阶段性的理解和研究方向。在这一过程中，研究生能够逐步发现自身的学术兴趣，并在持续探索中激发对知识共享的积极性。因此，可将探索性学习纳入研究生课程体系，将知识管理素养作为学术能力结构的重要组成部分，引导研究生在科研实践中深化对知识的理解，并进行理性反思，使知识管理成为学术训练的核心环节，从而在个体层面有效地减少知识隐藏行为。此外，随着科技的快速发展，基于数字媒介和虚拟社区的知识获取、存储与传播方式不断演变，适应时代需求的数字化知识管理能力应成为当代研究生的核心素养之一。

二、培育团队情感信任氛围，激发知识共享情感

导师领导下的科研团队是研究生学习和成长的重要基床，当人际关系高度紧张或彼此之间产生信任危机时，触发知识隐藏的概率就会大幅度增加（Anand等，2020）。因此，当知识隐藏行为发生时，导师首先需要深入分析其成因，是由于学习者自身因素所致，还是源于教师管理的不当。在教育资源相对充足的情况下，导师应当在团队内部建立公正、透明的互动管理机制，确保资源的公平合理分配，以最大限度地减少因分配不均而引发的知识隐藏现象，提高团队整体的合作氛围和学术效率。

此外，研究生个体间的知识隐藏行为还受到"资源竞争"和"互动方式"的影响。为了增强学生对互动公平性的认同，教师应当深入理解并构建研究生个体间的信任机制。在此过程中，需要充分考虑学习者的个体差异，例如学术水平、性格特点等，制定灵活、个性化的管理与评估体系，而非采用"一刀切"的标准。这样不仅能够有效激发研究生的知识共享意愿，还能营造更加开放、互信的学术交流氛围。

人际信任与合作密切相关，相互依存。当任务相关度较低时，研究生个体更倾向于独立完成任务，导致合作关系难以建立，从而削弱彼此之间的信任感，并增加知识隐藏的可能性。在研究生个体间的知识共享

过程中，信任情感发挥着积极的促进作用。其中，安全感和获得感是构建共享信任的核心情感基础，为知识共享的顺利进行提供保障。李荣华（2022）的研究表明，当个体经历不对等的知识分享行为时，更容易产生知识隐藏的倾向。因此，导师应在团队内部营造公平的交流氛围，建立有效的知识共享激励机制，引导学生形成安全、舒适的知识分享心理基础。同时，通过缩小知识共享的成本投入与预期收益之间的差距，例如提供适当的物质奖励和表彰，以增强研究生对收益的正向感知，从而激发其知识共享的积极性。此外，还应鼓励学生主动调整与他人的交往方式，减少甚至消除彼此间的不信任和隔阂，以构建更加开放、合作的学术环境。

长期以来，我国研究生培养主要采用单一导师制，这种模式虽然确保了导师对研究生培养的第一责任，但相对封闭的指导方式已难以适应日益开放和共享的学术环境，限制了知识的多元更新与流动。因此，探索导师联合指导制度，以研究生培养为中心，建立导师组共担指导责任和义务的机制，将有助于拓展知识互动的范围，弥补单一导师制的局限性，并促进更具协作性的学术氛围。与此同时，导师应积极地将知识创新融入团队管理，将"破五唯"（"五唯"指唯学历、唯资历、唯帽子、唯论文、唯项目）政策的核心理念贯穿至研究生培养过程中，打破过度依赖量化指标的学术评价体系，优化基于效率的管理模式，从而为研究生的知识共享构建更加开放、多元的组织环境。赵祥辉（2021）认为，塑造基于公平公正的良性竞争培养环境，营造协同互动的共享文化氛围，可以抑制研究生知识隐藏行为的加深；建立跨学科交流的常态化机制，有助于促进研究生在学科交融中实现更广泛的互动与合作。当前，学科交叉融合已成为科研发展的必然趋势，研究生培养应以协同合作为导向，在学科交叉的基础上实现知识的共享与互补，从而打破学科间固有的界限，构建更加开放的学术生态。通过跨学科交流，不仅能够拓宽研究生的知识视野，激发创新思维，还能减少因学科壁垒导致的知识隐藏，鼓励学生主动探索未知领域，提升学术共同体的整体协作能力。

同时，应将知识创新融入公平互动的环境之中，以加快知识的更新换代。不同于传统侧重知识转化的培养方式，导师应引导学生深入了解自身研究领域的演变历程，增强对专业知识的积极认知，帮助他们明确未来的学术使命。这种积极的心理氛围不仅能促使研究生聚焦于自身专业的发展，还能鼓励他们主动分享所掌握的知识，将同门视为潜在的合作伙伴，从而降低知识隐藏的可能性。

此外，组织的协作文化是促进知识共享的重要基础。导师可以在组会上与学生讨论知识隐藏的影响，剖析其弊端，同时探讨知识共享带来的学术价值。值得注意的是，减少知识隐藏行为不仅是导师的责任，高校也应积极培育知识共享文化，引导学生树立正确的知识交流态度。通过提供高相关度的学术合作项目，高校可以为研究生搭建知识交流平台，促进情感信任机制的形成，从而有效降低知识隐藏行为，构建更加开放、协作的学术生态。

三、开发知识合作共享平台，构建知识分享共同体

研究表明，无论是以师门或课题组为核心形成的"小圈子文化"壁垒，还是因缺乏稳定的学术交往机制导致的"局内人 - 局外人"障碍，抑或是知识共享组织平台与文化氛围的系统性缺失，都是导致研究生个体间知识隐藏行为的直接或潜在因素。因此，推动研究生知识共享，应以共享平台的开发为起点，创新构建以合作为导向的研究生学术共

同体。

首先，需建立持续、平等、包容且多元的学术知识共享平台。研究生培养应突破学科壁垒与年级差异，充分考虑专业的针对性与通用性，推动以问题解决为导向的知识共享。例如，可设立多主题的"学术沙龙"与"互动式工作坊"等双向交流活动，拓展学术关系网络，为研究生提供跨学科的师生互动支持，促成深度的知识交互。

其次，应打造基于数字化的现代知识共享社群。在数智革命的推动下，学术知识的互动、合作与共享模式正经历深刻的变革。虚拟网络社区已成为研究生学习与发展的重要场域，信息技术突破了传统的时空限制，知识不再受限于单一来源，而是以海量资源和实时交互的方式进行更新。因此，研究生培养体系需顺应教育数字化转型，为知识共享提供现代技术支持，如搭建"网络知识社区"，构建线上互动场景，让研究生在更便捷、高效的环境中进行知识交流与合作。

无论是线下实体交流平台的构建，还是线上数字化交互机制的创新，都应以开放多元为基础、以知识共享为核心、以问题解决为导向，从而推动合作型研究生学术共同体的形成。这将有效削弱研究生个体间的知识隐藏行为，促进更具包容性与创新性的学术生态发展。

第六章 案例研究

第一节 引言

案例研究方法起源于 19 世纪末至 20 世纪初，经由哈佛大学法学院推广，在后来的管理学、教育学、医学和法律等领域得到广泛应用。这种方法通过对真实或模拟案例的深入研究，帮助学习者分析复杂问题，探索解决方案，并培养批判性思维和实践能力。

在管理学领域，案例研究方法是商学院的重要教学手段，例如哈佛商学院的案例教学模式，鼓励学生通过讨论和分析实际商业案例，提升决策能力。在医学和法律领域，案例研究方法主要用于培养临床诊断能力和法律推理能力，使学习者体验在真实情境中运用理论知识。随着数字技术的发展，案例研究方法的形式也在不断演进，虚拟案例、数据驱动案例以及互动式案例教学成为新的发展趋势。这种方法不仅能帮助学习者掌握专业知识，还能提升他们处理现实问题时的应变能力和综合判断力。

案例研究方法具有以下特点：一是真实性，案例通常取材于实际情境，真实反映现实中的问题，有助于研究者或学习者理解复杂问题的实际运作方式；二是探索性，案例分析侧重于研究复杂现象，而非简单的因果推导，鼓励深入探讨问题的多维度影响；三是情境性，案例强调在特定环境下的决策过程及影响因素，使分析更贴近现实；四是实践导向，注重知识的应用，旨在培养学习者解决实际问题的能力。

　　本章以慕课这一具有代表性的在线学习社区为例，结合第三章、第四章提出的预设，进行数据收集与分析，以深入探讨物理因素、事理因素、人理因素与知识隐藏行为之间的关系，并进一步验证这些因素是如何影响学习者在在线学习环境中的知识共享与隐藏行为的。

第二节 案例研究方法概述

案例研究方法早期广泛应用于社会科学、医学和法律领域，并在社会科学研究中逐步发展，最终成为商业管理、教育和政策研究等领域的重要研究方法。

尽管案例研究方法在社会科学研究中得到了广泛应用，但国内外学者对其尚未形成统一定义。学者们通常从研究对象、研究问题类型以及资料收集方式等方面界定案例研究方法的内涵。

关于案例研究方法的界定，主要存在两种观点。一是特殊事件论，该观点认为案例是独特的个案，无法从中归纳出具有普遍规律性的结论，即"案例即案例，无法推广"；二是普遍性结论论，该观点认为案例研究不仅可以揭示具体现象，还能在此基础上提出新的假设，并归纳出具有分析性和普适性的理论结论。这两种观点反映了案例研究方法在科学研究中的不同取向，也影响了其在不同学科领域的应用方式和研究价值（张梦中和马克·霍哲，2002）。

在罗伯特·殷确立的案例研究的分析框架中，案例研究属于现象学的研究范畴，它和属于实证主义范畴的实验研究和调查研究是径渭分明的。实证主义主要采用定量研究范式，解释主义则侧重于定性研究范式。而近年来兴起的案例调查方法作为案例研究方法与调查研究方法的结合体，融合了两者的特点。案例调查方法在案例研究的基础上，引入了调查研究中用于确定变量间关系的定量方法，特别是统计分析技术，从而拓宽了案例研究的研究范围和方法论基础。然而，这种方法的应用在一定程度上模糊了案例研究方法与案例调查技术之间的界限，使得部分学者对两者的概念和适用范围产生混淆。主要区别在于：案例研究方法侧重于深入剖析个别案例，通过质性研究手段（如访谈、观察、文件分析等）探究复杂现象的背景、机制和影响；案例调查方法是在多个案例的基础上，通过标准化的调查工具和统计分析方法，试图识别变量之间的关系，增强研究的外部效度和普适性。虽然案例调查方法拓展了案例研究的适用性，但在研究设计时仍需明确其方法论定位，避免将定量分析简单地替代或混同于案例研究的深度探索功能（王建云，2013）。

案例研究方法作为社会科学研究中广泛应用的一种方法，已在社会学、人类学、教育学、政治学、公共管理等领域得到认可，并被广泛运用于面向实践的特定问题研究。例如，在城市规划、公共管理、公共政策、社会救济、教育等领域，案例研究方法都发挥了重要的作用。案例研究方法被引入我国已有30余年，逐步受到国内学者的关注，并在实践中得到推广和应用。随着研究方法论的发展，国内学者在案例研究的理论建构、研究设计、数据收集与分析等方面不断深化探索，使其逐渐成为社会科学研究的重要工具之一。

案例研究方法有其独特的适用条件、研究路径和局限性，与案例调查方法在数据处理和统计分析上存在明显区别。尽管案例研究方法常面临"非理性的质疑和理性的检验"，但其作为一种研究方法本身是科学且有效的。在应用案例研究方法时，需要审慎发挥其优势，同时理性看待外界的质疑。研究者应深入理解案例研究的使用条件和局限性，合理运用该方法，并通过长期的研究实践不断总结经验、系统反思，逐步形成自身的方法论体系。只有在此基础上，将案例研究的方法论与具体研究相结合，才能更有效地推动理论构建，提升研究的科学性与严谨性。

　　自20世纪末以来，国内教育界逐步重视案例研究方法的应用。随着课程改革、素质教育的推进，以及民族教育、农村教育、教育公平等议题日益受到关注，政府和公众迫切需要对各类教育现象进行深入研究。在这一背景下，案例研究方法迎来了重要的发展契机。与单纯的量化研究相比，案例研究能够更敏锐地捕捉不同个体、群体和地区间不可复制的教育情境，避免忽视这些差异性。一些学者指出，质性研究的核心特点在于其人文关怀和平民意识，强调在自然情境下探究个人生活世界和社会组织的日常运作。研究者不仅要深入参与研究情境，与研究对象建立共情，还需对他们的生活故事和意义建构进行"解释性的理解"，从而对教育现象的复杂性和过程性展开长期、深入、细致的考察（陈向明，2013）。这明确表达了案例研究方法在教育研究中的价值取向和适用条件。具体而言，它强调了以下几点：一是价值取向。关注个体、群体和地区之间的教育差异性，避免量化研究可能导致的忽视；体现人文关怀和平民意识，强调对研究对象的共情和深入理解；强调教育现象的复杂性和过程性，通过长期观察和细致考察，深入挖掘教育问题的本质。二是适用条件。适用于探索不可复制的教育情境，如民族教育、农村教育和教育公平等领域；适用于需要研究者深度参与、直面实际问题的研究，例如课程改革与教育政策的影响分析；适用于关注教育现象的动态发展，而不仅仅是静态描述和因果推导。整体来看，案例研究方法在教育研究中能够发挥重要作用，特别是在探索性、实践性和个性化特征突出的教育问题研究中具有不可替代的优势，因此被应用于国内教育研究的各个方面。在教师教学的研究方面，对教师信念（谢翌，2006）、教师生存状况（陈丽萍，2009）等问题都有涉及；在课程课堂的研究方面，涉及了课改中的学校文化（唐丽芳，2015）、课改中的教师合作文化（马玉宾，2007）等方面的问题。除此之外，案例研究方法还被应用于学生成长、教育政策等方面。

第三节 研究设计

在探索性研究中,案例的数量并无绝对的标准,应依据具体的研究问题来确定合适的案例数量。然而,案例数量的多少会影响研究的效率(Eisenhardt,1989)。研究的深度和复杂性通常会对案例的使用数量形成限制,因此个案数量不宜过多。本研究基于研究设计,选取在线学习平台——中国大学慕课作为案例研究对象。通过文献综述我们发现,类似于实体组织,虚拟社区中也普遍存在知识隐藏行为。因此,本研究运用案例研究方法,构建针对虚拟社区用户知识隐藏行为的研究模型,并重点探讨减少用户知识隐藏行为的实现路径。

一、案例选择

虚拟社区是现实社区在网络空间的延伸,其成员主要通过互联网进行交流与知识分享,从而形成特定的社群。这些成员通常在兴趣、经历等方面存在相似性,并围绕共同关注的话题进行互动与经验交流。虚拟社区已有一定的发展历史,伴随互联网的普及,其数量迅速增长。由于虚拟社区具备知识获取便捷、在线互动自由、突破地域限制等优势,因此吸引了大量用户参与。其中,社会化问答社区便是虚拟社区的一种典型形式。

社会化问答社区是一种社交网络形式,以社区模式帮助用户解答疑问。问答服务通过展示明确的问题,使更多的用户能够参与互动,不断丰富信息，实现信息向知识的有效转化。随着互联网的发展和信息技术的进步，人们对社会化问答社区的关注度逐步提高，相关研究也日益深入。国内外学者主要从内容、用户和技术三个维度探讨社会化问答社区的发展。内容主要指社区中的问题及其相应的回答，用户往往会认可并支持那些他们认为有价值的答案；用户是指渴望获取知识并愿意参与社区互动的人群，他们是社区存在的核心基础，吸引用户加入是问答社区成功的关键之一，提升用户黏性则是促进社区长期发展的重要因素；技术涉及社区的界面设计与算法优化，良好的界面设计能够突出重点、层次分明，使用户获得更佳的使用体验，从而降低退出率，智能推荐算法则能精准筛选和推送内容，为用户提供所需的信息，进一步提升用户体验。

大量数据表明，用户在社会化问答社区中的参与方式多种多样，其行为模式不仅影响社区的互动氛围，还在知识传播和共享过程中发挥着关键作用。Armstrong 和 Hagel（2009）通过研究对用户在虚拟社区中的参与形式进行归纳，进一步将用户细分为潜水者、浏览者和贡献者。贡献者是积极参与互动、分享知识的用户，潜水者则表现为被动参与，倾向于获取信息但较少贡献内容，属于知识隐藏程度较高的群体。

在选择研究对象时，需要遵循以下准则：首先，该虚拟社区应清晰地展现用户的知识共享行为及其特征，以确保研究的针对性和有效性；其次，所选的社会化问答社区必须便于获取相关数据，具备长期稳定的运行历史，拥有庞大的用户群体以及丰富的问题与答案，以保证数据的充分性和代表性；最后，该社区应在同类平台中具有较高的影响力和知名度，广受用户认可，以增强研究结果的普适性和参考价值。

二、慕课介绍

　　慕课是一种大规模开放在线课程，通过互联网向大众提供高质量的教育资源，打破了传统教育的地域和经济限制。其主要特点包括：大规模性（可容纳成千上万的学习者，不受课堂容量限制）、开放性（多数课程免费或成本低，任何有网络的人都可参与）、在线性（所有学习活动均在线进行，灵活便捷）、互动性（学习者可通过论坛、测验、作业等形式参与互动，获得即时反馈）、多样性（涵盖各类学科，满足不同的学习需求）、自适应节奏（允许学习者按照自己的进度进行学习）、高质量（由知名学府和专家打造，提供丰富的多媒体资源）。尽管慕课平台促进了知识的广泛传播，并为学习者提供了灵活的个性化学习体验，学习者可以依据自身需求选择不同的课程和学习进度，随时随地都能获取新的知识和技能。然而，在慕课平台上，仍然存在知识隐藏现象，部分学习者可能出于竞争心理、信任不足或缺乏有效激励机制，而选择不主动分享知识，这种行为阻碍了学习者之间的知识共享和协作学习，影响了学习社区的互动氛围，从而削弱了慕课平台的互助合作价值。因此，如何有效地减少知识隐藏，促进积极的学习互动，成为慕课平台优化学习体验的重要议题。

第四节　慕课场景中知识隐藏的主要类型

根据 Connelly 和 Zweig（2014）提出的知识隐藏三种方式，并结合慕课的特性，可以将知识隐藏行为总结归纳为以下几种。

一是故意隐瞒现象。学习者或教师在回答问题时只提供部分信息，或者故意绕开核心内容。例如："这个编程问题可以用动态规划解决，但细节比较复杂，你可以自己研究一下。"其动机为减少竞争、保持个人优势、节省时间。

二是假装无知现象。学习者或助教对某些已知问题假装不清楚，避免详细解释。例如："我也不是很确定这个算法的具体实现，可能需要查阅更多的资料。"其动机为减少负担、避免额外责任。

三是合理隐藏现象。以"规则限制"或"信息敏感性"为由，拒绝分享知识。例如："这个问题涉及课程作业，按照规定不能直接给出答案。"其动机为遵守学术诚信、保护原创性。

一、慕课产品功能结构图

慕课产品的功能结构大致如图 6-1 所示。

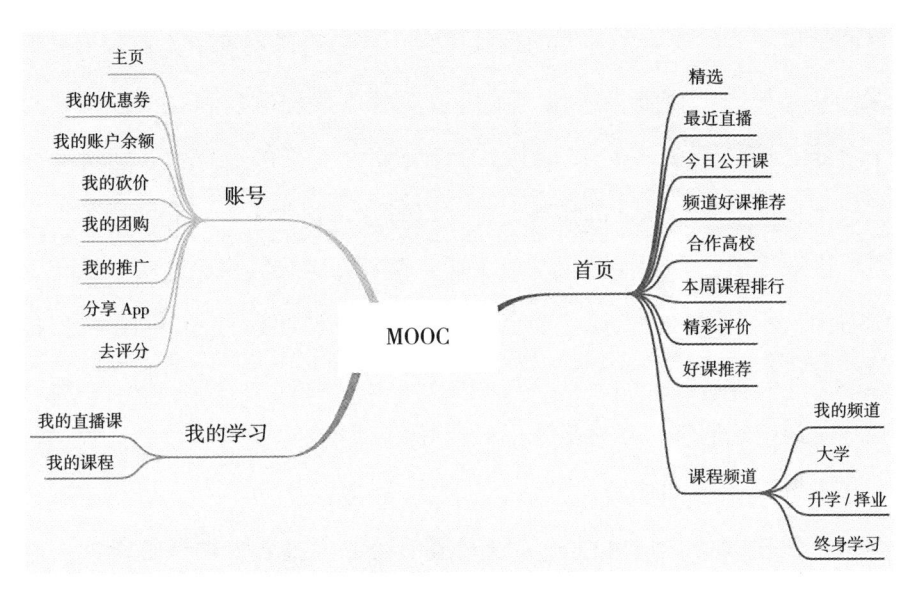

图 6-1 中国大学慕课产品功能结构图

二、慕课产品功能分析——学生端

中国大学慕课的首页包括搜索框、导航栏、头图、中间的功能区，以及下方的直播课、公开课、好课推荐等。导航栏处的课程分类展示"我所选中的频道"，可以进行编辑增删。

1. 核心功能

从中间的功能区可以看出，其核心内容包括国家精品课、计算机、经济管理、心理学、考研、应试英语、期末不挂、考证就业、限时公开课、精选微课等。国家精品课是由各高校推出的优质课程组成，以好课推荐为主，下方设置精品课程分类，但是位置比较靠下，且在"频道"中有类似的课程分类，所以此分类的重要性较低。对于计算机、经济管理、心理学这些学习性较强、学习时间较长，且提升不明显的学科主要以免费公开课的形式展现，用户可以根据个人喜好报名上课，只要按时上课通过考核，就可以获得该课程的学习认证证书。对于考研、应试英语、期末不挂、考证就业这些目的性较强、通过一段时间学习可以获得验证的学科，主要以付费课程为主，用户必须留下手机号进行报名，短信提醒报名成功后，用户即可加入微信群进行课程的学习和讨论。限时公开课主要以目的性、盈利性课程为主，通过免费报名的手段进行社群运营，让用户先体验，然后促使用户选择相应的付费课程实现后续服务。精选微课的课时较短，用户以免费体验的方式进行上课学习，先添加老师的微信，进入社群进行互动学习，后续通过社群运营实现续费，也可以直接以充值币的形式报名参加训练营，一期一报。

2. 特色功能

慕课的特色功能有直播课、本周课程排行以及在线学习互动体验。直播课中有课程介绍，可以边看直播边聊天，也可以提问，区分了课程互动和提问区域，还可预约直播，加群进行互动。本周课程排行分别列出了热门、新课和五星评价的前 50 名课程，方便用户进行课程选择，节省了选课时间。在线学习互动是师生双方的互动，这里仅从学生端进行分析，整个学习过程包括观看视频、参与讨论、提交作业多个环节，同时穿插课程提问和终极考试。用户报名后可以看到公告、课件（可下载）、考核、讨论四个模块，具体涉及该课程的公告信息、课件、考核要求、相关课程讨论等。考核分不同形式，可直接进行答题测试，可重复作答三次。讨论区又分为综合讨论区、老师答疑区、课堂交流区。其中，在综合讨论区可以输入有关本课程、学习、工作等的一般性话题，在老师答疑区输入问题可以得到老师的回答，输入形式都是主题加内容，课堂交流区则是展示在章节课件中讨论的内容，在话题的下方会显示该话题来源的课件名称。

3. 课程学习流程

中国大学慕课课程学习流程，如图 6-2 所示。

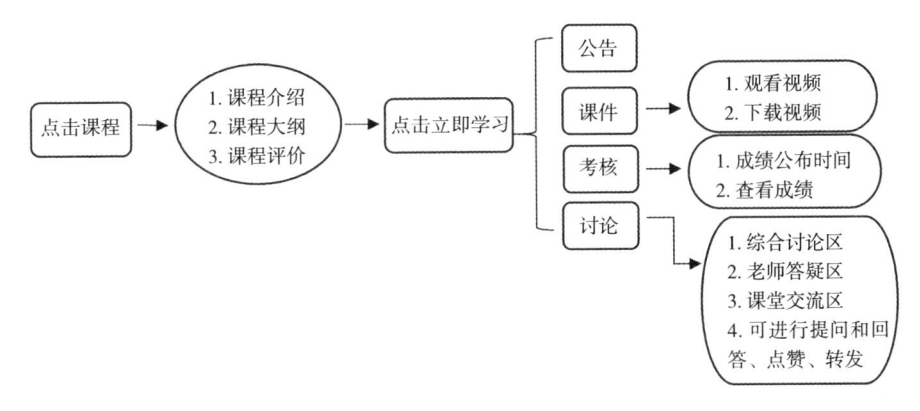

图 6-2　中国大学慕课课程学习流程

4. 账号功能分析

"账号"模块由个人账户信息和部分应用运营推广功能构成。页面展示用户头像、昵称、参与讨论的数量、关注人数及获得证书的数量，点击后可查看详细信息。点击关注人数，可查看具体的用户信息，界面与个人主页一致；在"我的优惠券"页面，可查看所拥有的优惠券，购买相关课程时可用于抵扣部分费用；"我的账户余额"支持充值买币，用于购买课程；若参与砍价活动，"我的砍价"页面将显示相关信息；"我的团购"页面则是展示参与的团购课程及当前进度；用户可通过"我的推广"转发课程链接给好友，好友通过该链接购买课程后，用户可获得相应的佣金。此外，应用还支持分享至微信好友、朋友圈、微博、QQ、易信好友及易信朋友圈。选择"去评分"功能，则会跳转至应用商店，用户可在此进行评分和评价。

三、慕课产品功能分析——教师端

教师端首页功能与学生端基本相同，仅在"我的教学"和"账号"两个模块的具体内容上略有差异。

1. 教师教学功能分析

"我的教学"模块包括课程和慕课堂两部分。其中，课程部分与学生端类似，教师同样可以报名相关课程进行学习，所参与的课程会在此展示。此外，教师还可以创建新课程并进行投屏，成功创建后可添加课件、公告等相关内容。

在授课过程中，教师可进行多种课堂互动，包括发布教案、签到、练习、讨论、问卷、点名和公告等。其中，教案、练习、讨论、问卷和公告需在网页端提前配置后才能选择使用。签到功能可确保学生到课率，支持设置签到时间和地点。教师还可以根据学生的情况进行小组分配，并查看课程记录，以便更好地掌握教学进度。

2. 教师账号功能分析

"账号"模块的功能与学生端基本相同，不过教师账号信息仅展示主讲课程和讨论话题，讨论区仅展示教师发表的主题、回复和评论。

四、知识隐藏典型案例分析

1. 访谈设计

为了深入了解学习者对慕课学习的经历和感受，本研究采用了深度访谈的方法。访谈前设计了访谈提纲，主要包括访谈对象的基本信息、对慕课的认知情况、慕课学习情况及慕课感受评价四个部分。本次访谈面向来自北京、上海、江苏、福建等不同高校的 10 位在校大学生，学科背景较为广泛，其中文学和管理学占比 60%，理学和工学占比 30%，其他占比 10%。访谈对象均使用过慕课学习，他们的身边也有不少人使用过慕课或者对慕课有一定的了解。

2. 慕课学习情况

访谈结果显示，80% 的学生主要是利用闲暇时间、零碎时间进行慕课学习，由于可以借助网络学习，受访者表示学习地点也非常随意，一般是在其主要活动场所如宿舍、图书馆、自习室等地方进行。由此可知，慕课学习的方便性大大增加了学生利用闲暇时间学习的机会。

3. 案例分析

在慕课平台中，知识共享与知识隐藏的行为深受多种因素的影响，尤其是虚拟学习平台的特征、导师的指导风格、团队氛围以及学习者对知识所有权的感知。现结合三个案例——教师的"留一手"策略、学习者在讨论区的选择性回答、学习小组的"封闭共享"，从多个角度进行深入分析。

（1）虚拟学习平台的特征。

慕课平台具有开放性、灵活性和匿名性等特征，它为知识共享提供可能性的同时，也为知识隐藏行为提供了滋生的温床。

案例1：教师的"留一手"策略。

慕课平台的开放性使得学习者能够随时访问课程内容，但教师出于知识变现的动机，可能会使用"留一手"策略，故意不提供完整的知识框架，鼓励学生购买额外的付费课程或书籍获取更深入的内容。这样，学习者即便完成免费课程，仍需为进一步学习付费，这种行为不仅影响学习者的学习效果，也可能会促使他们寻找其他开放的学习平台，影响慕课平台的用户黏性。

案例2：学习者在讨论区的选择性回答。

慕课平台的匿名性使学习者在讨论区中无须面对面交流，从而为知识共享创造了条件。然而，匿名性也可能导致学习者出于竞争心理或时间管理的考虑，选择性地提供片面的答案，而非完整的解答。这种行为使得其他学习者难以获得全面的信息，从而影响学习进度。

案例3：学习小组的"封闭共享"。

学习者可能会创建私密小组（如微信群、QQ群），在小圈子内共享课程资源，但不愿意将这些资源公开分享于平台。这种"封闭共享"行为多出于对知识产权的保护以及维护小组成员竞争优势的考虑。虽然这种行为在短期内有助于小组内的成员提高学习效率，但也削弱了慕课平台的开放性，阻碍了其他学习者获取相同的资源，形成了资源不对称的局面。

（2）导师的指导风格

导师的指导风格直接影响学习者的学习态度与行为。在慕课平台中，导师的教学方法和风格决定了学习者的互动方式以及他们是否愿意分享知识。

案例1：教师的"留一手"策略。

变革型或交易型导师通常更容易采取"留一手"策略。变革型导师可能认为适度的知识保留能够激发学生的主动探索精神，提升他们的学习能力，交易型导师则可能因商业利益而选择通过知识隐瞒推动学生购买额外的课程。在这种情况下，教师通过该策略保持课程内容的部分神秘性，从而引导学生不断投资于更高阶的学习资料和课程。

案例2：学习者在讨论区的选择性回答。

导师的指导风格会影响学习者在讨论区的行为。如果导师鼓励开放、自由的讨论，学习者可能会更加积极地分享知识，减少选择性回答的现象。反之，若导师强调成绩或评估标准，学习者就可能仅会提供对他们有利的片面回答，而非完整的解答。这种差异化的指导方式在无形中塑造了学习者的行为模式。

案例3：学习小组的"封闭共享"。

导师如果重视小组合作与集体学习，那么可能会促进小组成员之间更为开放的资源共享，减少知识的封闭性。反之，若导师过于注重个人学习成果，就可能会促使学习者将自己的资源私密化，以维护个人竞争优势，从而形成"封闭共享"的行为。

（3）学习者对知识所有权的感知

学习者对知识所有权的感知会直接影响他们的知识共享行为及其在平台上的互动方式。

案例1：教师的"留一手"策略。

当学习者对知识的所有权感知模糊时，他们可能更容易接受教师通过"留一手"策略来引导他们购买更多的课程或材料。如果学习者将课程内容视为教师的专有资源，且他们习惯于逐步购买课程来获取知识，那么"留一手"策略就可能被视为一种正常的教学安排。然而，若学习者认为知识应当是开放的，他们可能就会对这种策略产生不满，并感到被"剥削"。

案例2：学习者在讨论区的选择性回答。

学习者对知识所有权的感知也会影响他们在讨论区中的行为。如果学习者认为讨论区是一个分享知识的公共空间，那么他们可能会更愿意帮助他人，提供完整的答案。但如果他们将自己的知识视为一种竞争资源，特别是在参与评分或评估时，他们就可能会选择保留部分信息，只提供模糊的答案，以避免自己在竞争中处于劣势。

案例3：学习小组的"封闭共享"。

当学习者认为自己所整理的学习资源是个人的成果时，他们就可能会选择将这些资源保留在小圈子内部，而非公开分享。这种"封闭共享"行为通常与对资源所有权的强烈感知有关，学习者希望通过私密小组保护自己的学习成果，以避免资源被滥用或过度共享。

第五节 小结

慕课平台中的知识隐藏行为与虚拟学习平台的特征、导师的指导风格、团队氛围以及学习者对知识所有权的感知密切相关。教师和学习者对于知识共享的态度，会受到平台结构、教学风格和个人动机的多重影响。为了提升知识共享的效率和质量，慕课平台应通过设计有效的激励机制、鼓励开放的讨论环境、加强导师的引导作用，减少知识隐藏行为，促进更公平的学习体验。这不仅有助于提升平台的用户黏性，还能改善学习者的学习效果，最终实现知识的公平传播和共享。

第七章 研究结论、建议与展望

第一节 研究结论

一、在线学习社区中的知识隐藏行为影响因素

研究发现，目前越来越多的高校导师团队通过在线学习平台和线上讨论等形式，建立起了稳定且正式的组织结构，这使得在线学习社区的重要性逐渐增强。然而，由于在线平台的流通性和非正式性，知识流通的效率和质量相较于传统的线下环境仍然有所不足，导致知识隐藏行为在其中广泛存在。

通过对在线学习社区中的知识隐藏行为进行实证研究分析，结果显示，知识隐藏行为在这些社区中普遍存在，而多种因素如个人因素、组织因素等，都会对在线学习群体的知识隐藏行为产生不同程度的影响。个人因素可能包括学习者的动机、知识所有权的感知、竞争意识等；组织因素则可能涉及导师的指导风格、在线平台的结构设计以及学习团队的氛围等。基于这一现象，本研究结合心理学的研究框架以及教育领域的相关理论，提出了一个探讨在线学习社区中学习者知识隐藏行为的概念模型。该模型综合考虑了学习者个人的心理动机、平台的结构特征、

导师的教学风格以及团队氛围等因素，力求全面呈现影响知识隐藏的多维因素。此外，本研究还通过实证数据对该概念模型进行了验证，进一步探讨了在线学习环境中知识共享与隐藏行为的成因及其作用机制，为优化在线学习社区的互动与知识流通提供了理论支持和实践指导。研究结果表明，尽管在线学习平台具有较强的灵活性和便捷性，但由于其非正式性和一定程度的匿名性，知识共享并未得到有效的保障。学习者在参与过程中往往会出于不同的个人或组织动机选择隐藏知识，甚至在某些情况下通过"选择性分享"来维持个人的竞争优势。因此，改善在线学习社区中的知识共享氛围，提升学习者的参与感和归属感，成为推动知识共享、减少知识隐藏行为的关键。

本研究的分析结果表明，变革型导师、专业认同感和主动性人格可以通过自我效能感对知识隐藏行为产生显著影响，而组织心理所有权和感知个人知识所有权同样可能是影响知识隐藏行为的重要因素。

随着远程教育、网络教育特别是人工智能技术的发展，越来越多的高校科研团队通过线上学习、讨论的形式，建立了包括导师和学生在内的稳定的线上组织结构，与线下组织形式一样，线上的学习团体也存在竞争、合作、资源交换等一系列的关系。

高自我效能感的学习者通常具有较强的自信心和掌控感，他们在面对学习和生活中的挑战时，能够准确地定位自己的成长目标，并相信自己有能力有效地应对各种困难。具体来说，高自我效能感的学习者能够清晰地了解自己的优势和不足，并据此设定合理的目标和学习计划，在遇到挑战时不会轻易放弃，而是能够从失败中吸取经验教训，进行有效的调整和改进，从而形成积极的自我认知。此外，高自我效能感还能够帮助学习者保持积极的心态，增强其应对压力的能力，从而在团队合作与科研工作中发挥出色的表现。这种积极的心态和行动能力不仅有助于个人的成长，还能促进整个科研团队的健康发展。当团队成员能够高效协作，并在面对困难时相互支持时，团队的凝聚力和创造力也会得到提升。因此，培养学习者的自我效能感，对于提升团队的整体表现和促进个人与团队的双重发展具有重要的意义。

高校科研团队的核心目标是实现科研目标和创新，推动科研成果的高效率转化。在这个过程中，变革型指导风格的导师起着至关重要的作用。变革型导师不仅关注团队的科研项目，还能兼顾学生的发展需求，从而实现科研目标与学生个体成长的双重推动。变革型导师通过提升学生对组织的归属感和增强他们的学习积极性，能够营造一种公平、创新且具有强烈归属感的组织氛围。这种氛围能够促使学习者更加积极地参与合作，共同推动科研工作的进展。

变革型导师重视创造机会，通过提供支持和资源，帮助学习者在团队中找到属于自己的位置，增强他们的自信心和责任感。这不仅促进了团队的协作，还能够激发学习者的主动性和创新性。此外，变革型导师还会关注学生的个性化发展，尊重学生的兴趣和发展方向，而非仅仅要求学生按照固定的标准进行工作。通过这种个性化的指导，学生能够更加明确自己的职业目标和科研兴趣，从而提升自我效能感，使其在面对挑战时保持积极的心态，采取有效的行动，克服学习和科研中的难题。而且，高自我效能感的学习者通常更加愿意分享知识和经验，而不是隐藏自己的信息。综上所述，变革型导师通过重视学生的个性化发展、提升归属感与自我效能感，并鼓励合作与创新，能够有效地减少知识隐藏行为，推动高校科研团队的健康发展和创新目标的实现。

专业认同感高的学习者通常对自己所学的专业领域怀有深厚的情感，并且将自己的个人发展与该领域的发展紧密联系起来。这类学生通常认为，自己在专业领域中的成长不仅仅是个人的成就，更是对整个学科和学术界的贡献。由于这种情感上的认同，他们往往会主动地将个人利益与集体利益结合起来，在团队合作中积极地发挥作用。这种专业认同感使得学习者不会将其他同学或询问者视为竞争对手，而是看作潜在的合作者。这种心态促使他们更加愿意与他人分享自己的知识与经验，因为他们意识到，知识共享不仅有助于他人的成长，同时也能促进整个学科的发展。这种合作精神有助于调动学习者的积极性，推动他们在专业领域内不断探索与进步，从而提升自我效能感，使其更有信心面对挑战，并采取主动行动。同时，高自我效能感的学习者会更加相信自己能够为团队和学术界做出贡献，因此也更愿意将自己的知识分享给他人，而不是隐藏。这种自信心和合作精神直接促进了知识的开放流动，减少了知识隐藏行为的发生。综上所述，专业认同感高的学习者不仅能在个人发展与集体利益之间找到平衡，还能通过与他人的合作与知识共享，进一步提高自我效能感。这种积极的心理状态和行为模式有效地减少了知识隐藏行为，并促进了整个学术团体的健康发展与创新。

作为独立的人格特质，主动性人格对学习者的自我效能感具有显著的影响。主动性越强的学习者，在面对新的生活和陌生环境时，越能够快速地适应并融入其中，尤其是在在线学习环境中，他们能够有效地管理时间，保持高度的学习动力。这些学习者通常会为自己设定明确的长期目标，并将学习与个人目标紧密结合起来。为了达成目标，他们会合理分配时间、制定计划并持续付出努力。面对困难时，他们往往会主动寻找解决办法，甚至在必要时调整自己的学习环境或行为方式，以适应新的学习需求和挑战。由于主动性人格的学习者具有较强的自我管理能力和适应能力，他们往往能够在学术和科研过程中发挥积极的作用。这种高自我效能感的学习者更愿意与他人分享知识和经验，而非将其隐藏。他们深知，通过分享和合作，自己可以获得更多的成

第七章 研究结论、建议与展望

长机会，同时也能够促进团队的整体进步。因此，主动性人格的学习者不仅能提升个人的效能，还能在群体中起到积极的推动作用，有效减少知识隐藏行为。综上所述，主动性人格能够通过促进学习者自我效能感的提升，激发他们更强的合作精神和知识共享意愿，从而减少知识隐藏行为。这种积极的行为模式有助于学习者在团队中发挥重要作用，并在在线学习环境中取得更好的成果（Crant 和 Michael，1995；Major 等，2006）。

根据张敏（2017）的研究，集体主义是中华民族的显著特征之一，它强调"尊师重道""同门情谊"和"集体主义高于个人主义"。在这种文化背景下，个体往往将集体的利益置于个人之上，强调合作与共同进步。尤其是在变革型导师的指导风格下，这种文化特征得到进一步强化。变革型导师通过建立以合作与创新为基础的教学环境，能够激发学生的专业认同感，并且让学生感受到组织成员之间的深厚情谊和相互支持。在变革型导师的指导下，学生通常会发展出较高的专业认同感，他们更加关注学术成长和集体进步，较少将个人成就作为唯一的衡量标准。这种认同感能够促进学生与导师及其他组织成员之间的信任和合作，而导师和团队成员提供的物质或精神支持，也能加强学生对团队和组织的归属感。学生在接受帮助的过程中，会逐渐形成对组织的认同，从而产生知识所有权的感知。具体来说，当学生将自己所学的知识和团队合作的成果看作集体共享的资源时，个人对知识的占有感会显著降低。这种集体主义的氛围使得知识不再是个人的专有资源，而是集体共同发展的财富，因此，学生更倾向于共享知识，而不是隐藏知识。这种心理机制有助于减少知识隐藏行为，推动团队成员之间的知识交流与合作。此外，变革型导师通过鼓励学生的个性化发展，同时强化团队合作精神，可以进一步增强学生的自我效能感。自我效能感高的学习者通常更加自信，愿意在团队中贡献自己的知识和经验，而不是通过隐藏知识来维护个人优势。由此可见，集体主义文化、变革型导师的指导风格以及团队成员之间的支持与合作，共同作用于学生的知识共享行为，从而减少了知识隐藏行为，并促进了集体和个人的共同进步（金辉，2011）。Det 等（1994）的研究表明，感知知识的组织所有权能降低个体对知识的私有心理，降低个体感知知识分享时的知识成本和地位成本。在这种环境下，个体会更多地考虑组织或团队的利益，也就减少了对自己的知识权利和知识地位的感知。所以，在变革型导师指导的科研团队中，个体感知的组织心理所有权越高，对知识的"共有"感知会越强烈，同时会降低对个人知识所有权的感知。

至此，除感知个人知识所有权对知识隐藏行为的研究假设之外，其余假设都得到了论证。由于知识的独特性和私有性，尤其是在隐性知识方面具有绝对优势地位的知识拥有者，可能会有意或者无意地隐藏自身所掌握的隐性知识，这种不完全的知识共享也属于知识隐藏行为，所以，即使知识拥有者非常认同自己的组织，也不能降低其知识隐藏意愿。这导致所测量的感知个人知识所有权与知识隐藏行为的关系弱于实际关系，因此感知个人知识所有权与知识隐藏之间的假设关系不成立，从而经过感知个人知识所有权的所有路径也均不成立。

二、在线学习社区中知识隐藏行为的模型及其影响机制

结构方程模型验证了 25 个假设对应的 25 条路径，研究结果表明：专业认同感对自我效能感具有显著的正向影响作用；主动性人格对自我效能感具有显著的正向影响作用；变革型导师对自我效能感具有显著的正向影响作用；自我效能感对组织心理所有权具有显著的正向影响作

用；自我效能感对感知个人知识所有权具有显著的正向影响作用；感知个人知识所有权对知识隐藏行为没有显著的影响作用；组织心理所有权对知识隐藏行为具有显著的负向影响作用；自我效能感对知识隐藏行为具有显著的负向影响作用；自我效能感在专业认同感和组织心理所有权之间起到中介作用；自我效能感在主动性人格和组织心理所有权之间起到中介作用；自我效能感在变革型导师和组织心理所有权之间起到中介作用；自我效能感在专业认同感和感知个人知识所有权之间起到中介作用；自我效能感在主动性人格和感知个人知识所有权之间起到中介作用；自我效能感在变革型导师和感知个人知识所有权之间起到中介作用；自我效能感在专业认同感和知识隐藏行为之间起到中介作用；自我效能感在主动性人格和知识隐藏行为之间起到中介作用；自我效能感在变革型导师和知识隐藏行为之间起到中介作；组织心理所有权在自我效能感和知识隐藏行为之间起到中介作用；感知个人知识所有权在自我效能感和知识隐藏行为之间没有起到中介作用；自我效能感和组织心理所有权在专业认同感和知识隐藏行为之间起到链式中介作用；自我效能感和组织心理所有权在主动性人格和知识隐藏行为之间起到链式中介作用；自我效能感和组织心理所有权在变革型导师和知识隐藏行为之间起到链式中介作用；自我效能感和感知个人知识所有权在专业认同感和知识隐藏行为之间没有起到链式中介作用；自我效能感和感知个人知识所有权在主动性人格和知识隐藏行为之间没有起到链式中介作用；自我效能感和感知个人知识所有权在变革型导师和知识隐藏行为之间没有起到链式中介作用。具体检验结果，如表7-1所示。

表 7-1 研究假设检验总结

路径	路径系数	p	结果
自我效能感 <-- 专业认同感	0.240	***	支持
自我效能感 <-- 主动性人格	0.484	***	支持
自我效能感 <-- 变革型导师	0.140	0.009	支持
组织心理所有权 <-- 自我效能感	0.602	***	支持
感知个人知识所有权 <-- 自我效能感	0.500	***	支持
知识隐藏行为 <-- 感知个人知识所有权	−0.045	0.470	不支持
知识隐藏行为 <-- 组织心理所有权	−0.380	***	支持
知识隐藏行为 <-- 自我效能感	−0.196	0.011	支持
专业认同感—自我效能感—组织心理所有权	0.145	0.005	支持
主动性人格—自我效能感—组织心理所有权	0.291	0.001	支持
变革型导师—自我效能感—组织心理所有权	0.084	0.033	支持
专业认同感—自我效能感—感知个人知识所有权	0.120	0.005	支持
主动性人格—自我效能感—感知个人知识所有权	0.242	0.001	支持
变革型导师—自我效能感—感知个人知识所有权	0.070	0.028	支持
专业认同感—自我效能感—知识隐藏行为	−0.047	0.006	支持
主动性人格—自我效能感—知识隐藏行为	−0.095	0.008	支持
变革型导师—自我效能感—知识隐藏行为	−0.027	0.017	支持
自我效能感—组织心理所有权—知识隐藏行为	−0.229	0.001	支持
自我效能感—感知个人知识所有权—知识隐藏行为	−0.022	0.527	不支持
专业认同感—自我效能感—组织心理所有权—知识隐藏行为	−0.055	0.003	支持
主动性人格—自我效能感—组织心理所有权—知识隐藏行为	−0.111	0.000	支持

续表

路径	路径系数	p	结果
变革型导师—自我效能感—组织心理所有权—知识隐藏行为	-0.032	0.020	支持
专业认同感—自我效能感—感知个人知识所有权—知识隐藏行为	-0.005	0.396	不支持
主动性人格—自我效能感—感知个人知识所有权—知识隐藏行为	-0.011	0.503	不支持
变革型导师—自我效能感—感知个人知识所有权—知识隐藏行为	-0.003	0.402	不支持

注：*** 表示在 P < 0.01 的水平上显著。

三、在线学习社区中的知识隐藏行为最终模型

通过问卷调查和访谈，采用验证性因子分析方法验证问卷的有效性，采用极大似然估计法对各回归系数进行估计，采用 Bootstrap 分析法对结构方程模型和中间效应进行检验，最后所有的假设都得到了支持，最终的模型如图 7-1 所示。

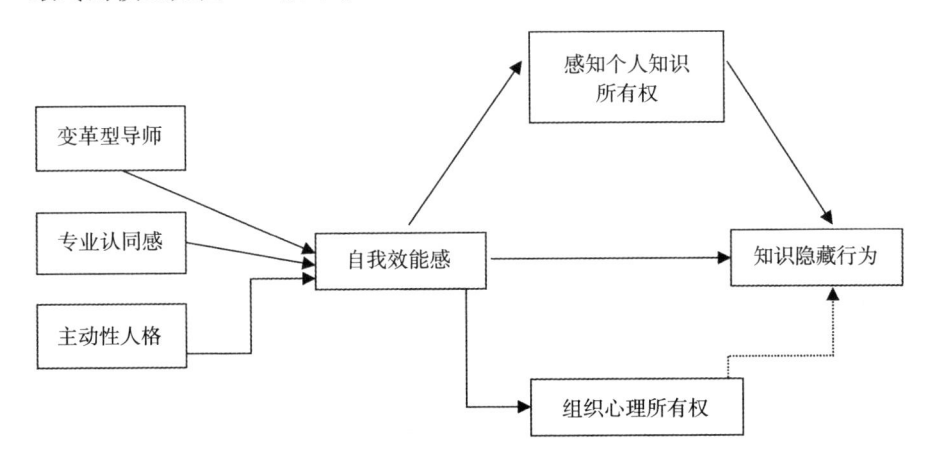

图 7-1 在线学习社区中知识隐藏行为及其影响机制的最终模型

第二节 研究建议

已有的文献大多是从主体因素、客体因素、环境因素等方面对知识隐藏行为的影响变量进行了深入的研究。部分学者如 Ghani（2019）关注在线学习社区中知识隐藏行为的三个维度，分别是拖延、装傻、搭便车；甘文波和沈校亮（2015）认为在线学习社区中缺少知识共享的诱因，导致了知识隐藏行为；翟雪松和束永红（2019）从网络传播特点的角度分析认为，扁平化的学习方式和丰富的媒体内容导致了学习者心理和行为的复杂化，由此助长了知识隐藏行为。而根据 Labafi（2017）和 Pan 等（2016）的研究，学历层次会影响知识隐藏行为，并且在高学历的组织中，知识隐藏行为要远远多于知识分享行为。所以，本研究以硕/博士研究生作为研究对象，并且重点关注知识拥有者的人格特质对知识隐藏行为的影响，运用关键事件访谈法和扎根理论构建了在线学习社区知识隐藏影响因素的理论框架，设计了在线学习社区知识隐藏的形成机制模型，深入分析了在线学习者知识隐藏行为的影响机制和作用机制。通过初步的探索，给出了对在线学习社区中知识隐藏行为的理解，尤其是在高等教育背景下，各种因素如何交织在一起，影响学生和教师的知识共享和隐藏行为。

通过实证研究发现，培养研究者的专业认同感和改善教师的指导风格，提升学生的自我效能感和组织心理所有权，注重对硕/博士研究生主动性人格水平的考核，可以有效地减少在线学习社区中学习者的知识隐藏行为。

在硕/博士研究生招生过程中，除了考察考生的学术能力和科研经验外，主动性人格作为一种稳定的人格特质，应该成为重要的考核维度。主动性人格不仅是科研工作者成功的心理基础，也直接影响他们在科研环境中的表现。由于主动性人格一旦形成，短期内难以改变，科研工作对长期坚持、创新性思维和解决复杂问题的能力有着极高的要求，因此在招生过程中对考生的主动性人格进行评估显得尤为重要。科研工作本身具有高度的挑战性，特别是在当前越来越多的在线学习社区中，学生们常常面临自我管理和自主学习的巨大压力。在这种背对背、缺少面对面互动的学习环境中，硕/博士研究生更需要具备主动发现问题、识别机会并提出创造性解决方案的能力。学生不仅需要应对复杂的学术问题，还需要具备主动适应新知识、新技术的能力，在科研领域中不断地创新和突破。因此，在硕/博研究士的招生考核中，除了关注考生的学术背景、科研能力等硬实力外，主动性人格等软实力也应当成为评估的重要指标。主动性人格能够帮助研究者保持长期的奋斗决心和耐力，应对科研工作中的挫折与挑战，并在困境中找到新的机遇。这类人才通常能在科研项目中发挥更大的创造性和协作性，是科研学术工作中不可或缺的核心力量。

综上所述，在硕/博研究士招生过程中，招生单位需要全面考察考生的学术能力与主动性人格水平。通过量化考核科研能力，同时结合面试、心理测试等方式考察考生的主动性人格，可以更精准地筛选出适合从事科研学术工作的高层次创新人才。这不仅能够确保学生具备从事学术研究的基本素养，也为培养具有高度自主性和创新能力的科研人才打下了坚实的基础（张娟和杨冬，2021）。

在人才培养方面，培养单位可以从硕/博士研究生个体的期望结果、奖励、关系及感知成本等方面出发，有效地激发其自我效能感，从而促进其学术成长和科研能力的提升。首先，导师在培养过程中应特别关注学生的个性化发展，尤其是在在线学习环境中，创建公平、创新和具有强烈归属感的氛围是至关重要的。导师不仅要关注学生的学术能力和知识积累，还要注重学生的伦理教育和价值观培养，提升学生对组织的认同感。通过这种方式，学生会更愿意分享那些难以规范化和系统化的隐性知识，这有助于减少知识隐藏行为，促进团队成员之间的知识交流和协作。其次，在培养过程中，导师需要重视学生的专业认同。除了专注于学术内容和框架的传授外，导师还应该通过讲述专业领域的历史、现状、面临的挑战及未来前景，使学生理解专业知识与国家发展和社会进步之间的紧密联系。通过这种方式，能够使学生的专业认同感和组织认同感得到提升，让他们更加意识到自己在学术和社会中的责任，从而激发他们更加积极地投入学术研究中，减少因竞争心理而产生的知识隐藏行为。最后，培养单位应引导硕/博士研究生明确自己的个人成长目标，帮助他们形成积极的心态和主动的行为。通过培养学生正确的自我认知与自我评价，让他们认识到自己的优势与不足，并激发他们采取主动行动，提升自我效能感。这种积极的行为模式不仅有助于学生自身的发展，也能带动学术团队的整体进步。此外，培养健康的人格特征能够使学生更加自信地面对科研中的挑战，并增强其在团队中的合作意识，进一步减少知识隐藏现象的发生。

在科研管理方面，导师和科研团队领导者扮演着关键的角色，尤其是在知识分享和科研文化建设方面。首先，导师应建立和完善组织内部的知识分享机制，这是促进科研合作与创新的基础。为了避免知识隐藏行为的发生，导师可以通过制定科学合理的测评制度，确保科研团队成员的工作成果能够得到公正的评估。同时要建立有效的惩罚机制，对于知识隐藏和不积极分享的行为进行适当的惩戒，而对于主动分享知识、促进团队合作的成员，可以通过奖励机制予以鼓励。尤其是在选择科研项目负责人时，导师应综合考虑其科研经验、团队协作能力和知识分享的态度。将绩效考核与科研产出直接挂钩，这样不仅能激励成员的工作积极性，还能强化知识共享在科研中的重要性。其次，导师应加强科研团队文化建设，创建一个有利于创新和合作的工作环境。这不仅包括设置明确的目标、任务分配和管理，还需要对学生的发展目标进行动态评估和修正。导师要尊重学生的个体差异，认识到每个学生的成长路径和需求是不同的，从而制定个性化的发展计划。在此基础上，团队成员之间应当互相支持，鼓励主动交流与分享知识，营造良好的团队氛围（Hwang 和 Kim，2007）。通过这种文化建设，学生不仅能获得学术支持，还能在团队中建立起对知识分享的认同感，减少知识隐藏现象的发生。最后，随着国家教育信息化的持续推进，导师还应紧跟信息化发展的步伐，关注并落实提升学生的信息素养和信息技术的政策。在当今的信息时代，信息技术和数字化工具已经成为科研工作的重要组成部分。导师应积极推动学生掌握先进的信息技术，帮助他们提高信息获取、处理和分析的能力。这不仅能提升学生的科研能力，还能增强其在知识分享和合作中的信心与能力，从而进一步促进科研团队的整体发展和创新。

在学生自我认知方面，硕/博士研究生应当准确把握个人成长目标，明确自己在学术和职业道路上的长远规划。这不仅是他们学术发展的动力源泉，也是他们在面对科研挑战时的指引。准确的目标定位能够帮助学生聚焦自己的努力方向，增强对学术任务的专注力，避免迷失在复杂的学术环境中。

此外，培养积极向上的心态对于硕/博士研究生而言至关重要。在科研过程中，学生往往会面对诸多挑战和压力，如何在困难面前保持积极的心态并从失败中吸取经验，是学术成功的关键。积极的心态使学生能够保持持续的动力和创新的思维，尤其是在在线学习环境中，缺乏线下互动的情况下，保持积极的心态尤为重要。

硕/博士研究生还应学会主动调整自我，面对个人成长中的瓶颈和挑战时，能够及时做出自我调整。主动调整不仅体现在学术策略的改变上，还包括对自身心态的调整和行为习惯的优化。通过持续的自我反思，学生能够在科研中逐渐积累经验，培养出更强的应变能力。

建立良好的自我认知是学生健康成长的基础。学生应能够客观评估自己的优势和不足，意识到自己的学术能力和潜力，并将其转化为自信和动力。良好的自我认知能够帮助学生在科研过程中更好地调整学习策略，明确自己在团队中的角色，提升个人的科研效能。

最终，通过这些措施，硕/博士研究生能够形成健全的人格特征，具备坚定的目标感、积极的心态、合理的自我认知和适应性强的行为模式。这种健全的人格特征不仅有助于他们个人的成长，也将为其未来的学术研究和职业发展奠定坚实的基础。

第三节 研究展望

本研究通过自上而下的方式，构建了在线学习社区中知识隐藏影响因素的理论框架，深入分析了知识隐藏行为及其影响机制。该框架系统地探讨了在线学习环境中学生与教师之间的互动、团队合作及个体心理等多个因素，揭示了知识隐藏行为的发生原因及其对学习效果和团队合作的潜在影响。通过这一理论框架，本研究不仅为学术界提供了一个全新的视角，也为教育工作者和在线教学平台的设计者提供了宝贵的参考依据。

在实际应用中，本研究的理论成果有助于研究者从客观的角度深入理解在线学习社区中的知识隐藏现象。通过识别并分析影响知识分享的关键因素，教育者可以更好地理解学习者和教师在知识传递过程中的行为模式，进而采取有效的策略来减少知识隐藏，促进知识共享。

此外，本研究还为教育者开展在线教学、构建高效在线社区提供了理论支持。在设计在线课程、互动平台以及学习小组时，教育者可以根据研究中提出的影响因素，优化教学内容、教学方式和社区管理策略，从而激发学生的学习兴趣和参与感，减少因竞争、恐惧或自我保护心理导致的知识隐藏行为，提升学习效果和团队合作的质量。

综上所述，本研究为后续的在线教学实践、在线学习社区建设和相关领域的学术研究提供了重要的理论支持和实践指导。

然而，值得注意的是，本研究的样本数据仅限于国内的高校，可能会影响到研究结果的普适性。由于不同国家和地区的文化背景存在显著差异，这些差异可能会对学生的心理状态、学习方式及互动模式产生重要的影响（Chen C C，1995）。因此，研究结果可能具有一定的局限性，未必适用于全球范围内的在线学习社区。不同文化背景的学生在面对知识分享时可能会展现出不同的行为模式，从而对知识隐藏行为产生不同的影响。

为了增强研究结论的广泛适用性，未来的研究可以考虑收集来自不同文化背景的数据样本，增加样本的随机性和多样性。通过比较不同文化下的知识隐藏行为，可能会得出更加丰富和有趣的结论，并为构建更具普适性的知识隐藏理论提供新的视角。这样，研究结论的普遍性和实践指导意义将会得到进一步提升。

信息技术的飞速发展极大地改变了知识传播的方式，特别是在在线学习社区中，知识传播和交流的模式发生了根本性变化。这种变化使得在线学习社区中知识隐藏行为的影响机制变得更加复杂。在线学习平台的匿名性、灵活性以及跨地域的学习互动，为知识共享和隐藏创造了新的情境。未来的研究应更加关注在线学习社区中知识隐藏行为的不同层面，包括其对教学设计、技术应用和教育管理的有效性的影响。

首先，在线学习环境中，教学设计需要充分考虑知识共享和知识隐藏的复杂性。教师如何设计互动式的学习活动、如何构建有效的学习评价体系、如何营造激励知识分享的学习氛围，都可能会直接影响学生是否愿意分享他们的知识。因此，教学设计应当融合对知识隐藏行为的认识，确保能有效地促进学生间的知识交流和互动。

其次，随着信息技术的不断发展，技术应用在教学中的作用愈加重要。利用技术工具来促进知识共享，减少知识隐藏行为，成为教育者的一项重要任务。例如，通过社交学习平台和智能化学习分析工具，教师能够实时了解学生的学习进展，及时发现知识分享的薄弱环节，并采取有效措施促进知识的流动。技术的有效应用不仅能提升学习效果，也能打破传统教育模式下的壁垒，创造更加开放和互动的学习环境。

最后，教育管理的有效性在在线学习社区中也需要重新审视。在线学习社区的管理者需要针对知识隐藏行为设计出相应的激励机制和约束制度，既要鼓励学生积极分享知识，也要避免可能的恶性竞争或知识滥用现象。这要求教育管理者能够灵活应对各种挑战，确保学习社区的健康发展。

除了关注在线学习社区中的知识隐藏行为，未来的研究还应考虑对线上和线下知识隐藏行为的比较，探索在传统面对面的课堂与虚拟在线课堂中知识隐藏行为的表现和影响有何异同。此外，对不同知识领域的知识隐藏行为进行比较，也会带来更多的价值。例如，在科学研究、艺术创作、技术开发等领域，知识隐藏的动机、方式和影响可能具有显著差异，通过跨学科的比较研究，可以为教育者提供更精准的策略，减少不同领域中可能存在的知识共享障碍。

综上所述，在线学习社区中的知识隐藏行为及其影响机制是一个多维度、复杂的研究课题。未来的研究应深入探讨其对教学设计、技术应用和教育管理的深远影响，并通过多维度的比较研究，进一步拓宽研究视野，提升知识分享的效率和质量。

参考文献

[1]Naimi A M M, Rjoub H.Perceived organizational support, psychological entitlement, and extra-role behavior: The mediating role of knowledge hiding behavior[J].Journal of Management & Organization, 2021, 27（3）: 507-22.

[2]Gold A H, Malhotra A, Segars A H.Knowledge management: An organizational capabilities perspective[J].Journal of Management Information Systems, 2001, 18（1）: 185-214.

[3]Nonaka I, Konno N.The concept of "Ba": Building a foundation for knowledge creation[J].California Management Review, 1998, 40（3）: 40-54.

[4]Ragab M A, Arisha A.Knowledge management and measurement: A critical review[J].Journal of Knowledge Management, 2013, 17（6）: 873-901.

[5]Hislop D, Bosua R, Helms R.Knowledge management in organizations: A critical introduction[M]. New York: Oxford University Press, 2018.

[6]Connelly C E, Zweig D, Webster J, et al.Knowledge hiding in

organizations[J].Journal of Organizational Behavior, 2011, 33 (1): 64-88.

[7]Connelly C E, Zweig D.How perpetrators and targets construe knowledge hiding in organizations[J].European Journal of Work and Organizational Psychology, 2014, 24 (3): 1-11.

[8]Omotayo F O, Akintibubo A O.Knowledge hiding in the academia: Individual and social factors predicting knowledge hiding behaviour of undergraduates of a Nigerian university[J].Journal of Librarianship and Information Science, 2024, 56 (1): 145-63.

[9]王国华.混合式学习环境中知识共享的提升策略研究[J].电化教育研究, 2017, 38 (9): 24-28.

[10]Li C.Research on the influence of trust on knowledge sharing in online community of engineering projects; proceedings of the 2024 3rd international conference on engineering management and information science (EMIS 2024), F, 2024[C].Atlantis Press.

[11]何亦名, 姜荣萍.组织中的知识隐藏行为: 回顾与展望[J].中国人力资源开发, 2014, (13): 49-55.

[12]Cerne M, Nerstad C G, Dysvik A, et al.What goes around comes around: Knowledge hiding, perceived motivational climate, and creativity[J].Academy of Management Journal, 2014, 57 (1): 172-92.

[13]Eid M, Nuhu N A.Impact of learning culture and information technology use on knowledge sharing of Saudi students[J].Knowledge Management Research & Practice, 2011, 9 (1): 48-57.

[14]Littlejohn A, Hood N.How educators build knowledge and expand their practice: The case of open education resources[J].British Journal of Educational Technology, 2017, 48 (2): 499-510.

[15] 王国华, 薛瑞鑫. 在线学习者为什么要隐藏知识?——在线学习者知识隐藏行为的影响因素及其作用机制分析[J]. 现代教育技术, 2023, 33(5): 79-89.

[16]Mechanic D.Sources of power of lower participants in complex organizations[J].Administrative Science Quarterly, 1962: 349-364.

[17]Nieburg H L.Uses of violence[J].Journal of Conflict Resolution, 1963, 7(1): 43-54.

[18]Holten A L, Robert Hancock G, Persson R, et al.Knowledge hoarding: Antecedent or consequent of negative acts? The mediating role of trust and justice[J].Journal of Knowledge Management, 2016, 20(2): 215-229.

[19]Wiliams R.Keyword[M].New York: Oxford University Press, 1983.

[20] 王思斌. 社会学教程[M]. 2版. 北京: 北京大学出版社, 2003.

[21] 翟雪松, 束永红. 在线学习社区中的知识隐藏行为及影响机制研究——基于专业承诺和变革型指导风格的视角分析[J]. 远程教育杂志, 2019, 37(5): 85-94.

[22] 甘文波, 沈校亮. 虚拟社区用户知识隐藏行为影响因素研究[J]. 情报杂志, 2015, 34(11): 168-174.

[23]Gong Y, Cheung S Y, Wang M, et al.Unfolding the proactive process for creativity: Integration of the employee proactivity, information exchange, and psychological safety perspectives[J].Journal of Management, 2012, 38(5): 1611-1633.

[24]Kim T Y, Hon A H, Crant J M.Proactive personality, employee creativity, and newcomer outcomes: A longitudinal study[J].Journal of Business and Psychology, 2009(24): 93-103.

[25] 姜荣萍，何亦名. 知识心理所有权对知识隐藏的影响机制研究——基于智力型组织的实证调研 [J]. 科技进步与对策，2014，31（14）：128-133.

[26]Ho S C，Ting P H，Bau D Y，et al.Knowledge-sharing intention in a virtual community：A study of participants in the Chinese Wikipedia[J]. Cyberpsychology，Behavior，and Social Networking，2011，14（9）：541-545.

[27] 王志成，羊米林，康东伟. 知识隐藏对创新和任务成果的影响关系中，知识自我效能感的媒介效果研究 [J].Journal of China Studies，2017，20（1）：131-145.

[28]Lin F R，Huang H Y.Why people share knowledge in virtual communities？ The use of Yahoo！ Kimo Knowledge + as an example[J]. Internet Research，2013，23（2）：133-159.

[29]Huo W，Cai Z，Luo J，et al.Antecedents and intervention mechanisms：A multi-level study of R&D team's knowledge hiding behavior[J].Journal of Knowledge Management，2016，20（5）：880-897.

[30]Bandura A.Modeling theory：Some traditions，trends，and disputes[M].Amsterdam：Elsevier，1972.

[31]Connelly C E，Zweig D.How perpetrators and targets construe knowledge hiding in organizations[J].European Journal of Work and Organizational Psychology，2015，24（3）：479-489.

[32] 贾敏. 变革型导师风格对研究生创造力的影响研究 [D]. 重庆：重庆大学，2017.

[33]Burns J M.Transactional and transforming leadership[J].Leading Organizations，1998，5（3）：133-134.

[34]Sergiovanni T J.Value-added leadership: How to get extraordi nary results in schools[J].NASSP Bulletin, 1991, 75（533）: 118-119.

[35]Pierce J L, Kostova T, Dirks K T.Toward a theory of psychological ownership in organizations[J].Academy of Management Review, 2001, 26（2）: 298-310.

[36]O'Driscoll M P, Pierce J L, Coghlan A M.The psychology of ownership: Work environment structure, organizational commitment, and citizenship behaviors[J].Group & Organization Management, 2006, 31（3）: 388-416.

[37]Brown G, Lawrence T B, Robinson S L.Territoriality in organizations [J]. Academy of Management Review, 2005, 30（3）: 577-94.

[38]Peng H.Why and when do people hide knowledge? [J].Journal of Knowledge Management, 2013, 17（3）: 398-415.

[39]Ghani U, Zhai X, Spector J M, et al.Knowledge hiding in higher education: Role of interactional justice and professional commitment[J]. Higher Education, 2020（79）: 325-344.

[40]Glaser B G, Strauss A L.The discovery of grounded theory: Strategies for qualitative theory[Z].Chicago: Aldine, 1973.

[41]孙晓娥.扎根理论在深度访谈研究中的实例探析[J].西安交通大学学报（社会科学版）, 2011, 31（6）: 87-92.

[42]徐建中, 曲小瑜.基于扎根理论的装备制造企业环境技术创新行为驱动因素的质化研究[J].管理评论, 2014（10）: 90-101.

[43]Pandit N R.The creation of theory: A recent application of the grounded theory method[J].The Qualitative Report, 1996, 2（4）: 1-15.

[44]Corbin J, Stuauss A.Basics of qualitative research: Techniques and

procedures for developing grounded theory[M]. London: Sage Publications, 2014.

[45] 陈向明. 扎根理论的思路和方法[J]. 教育研究与实验, 1999（4）: 58-63+73.

[46] 费小冬. 扎根理论研究方法论: 要素, 研究程序和评判标准[J]. 公共行政评论, 2008,（3）: 23-43.

[47]Partington D.Building grounded theories of management action[J]. British Journal of management, 2000, 11（2）: 91-102.

[48] 顾基发, 唐锡晋, 朱正祥. 物理-事理-人理系统方法论综述[J]. 交通运输系统工程与信息, 2007, 7（6）: 51-60.

[49] 佟雪铭.WSR方法论在人力资源开发研究中的应用[J]. 软科学, 2008, 22（1）: 135-138.

[50] 柳长森, 郭建华, 金浩, 等. 基于WSR方法论的企业安全风险管控模式研究——"11·22"中石化管道泄漏爆炸事故案例分析[J]. 管理评论, 2017, 29（1）: 265-272.

[51] 刘家国, 孔玉丹, 周欢, 等. 供应链风险管理的物理-事理-人理方法研究[J]. 系统工程学报, 2018, 33（3）: 298-307.

[52] 姬荣斌. 基于WSR方法论的石油企业安全生产应急管理研究[D]. 成都: 西南石油大学, 2013.

[53] 徐维祥, 张全寿. 基于WSR方法论的信息系统项目评价研究[J]. 系统工程与电子技术, 2000, 22（10）: 4-6+13.

[54] 李露凡, 舒欢. 基于模糊综合评价模型的工程项目融资模式评价与决策[J]. 工程管理学报, 2014, 28（3）: 104-108.

[55] 刘旸, 张玲玲, 黄安强, 等. 知识转移绩效影响因素的实证研究——以软件行业为例[J]. 管理学报, 2009, 6（11）: 1471-1477.

[56] 陈伟，付振通. 复杂产品系统创新中知识获取关键影响因素研究 [J]. 情报理论与实践，2013，36（3）：62-67.

[57] 李柏洲，徐广玉，苏屹. 基于扎根理论的企业知识转移风险识别研究 [J]. 科学学与科学技术管理，2014，35（4）：57-65.

[58] 潘伟. 知识型团队成员知识隐藏研究 [D]. 哈尔滨：哈尔滨工业大学，2018.

[59] 王建明，王俊豪. 公众低碳消费模式的影响因素模型与政府管制政策——基于扎根理论的一个探索性研究 [J]. 管理世界，2011（4）：58-68.

[60] 王国华. 藏族大学生国家通用语学习动机影响因素及作用机制——基于扎根理论的研究 [J]. 民族教育研究，2021（2）：57-64.

[61] 金辉. 基于匹配视角的内外生激励、知识属性与知识共享意愿的关系研究 [J]. 研究与发展管理，2014，26（3）：74-85.

[62] 金辉. 内外生激励、知识属性与组织内知识共享治理研究 [D]. 南京：南京大学，2013.

[63] 钟熙，付晔，王甜. 包容性领导、内部人身份认知与员工知识共享——组织创新氛围的调节作用 [J]. 研究与发展管理，2019，31（3）：109-120.

[64] 周霞，赵冰璐. 晋升机会缺失对知识型员工角色内绩效的影响：内部人身份感知与知识共享氛围的作用 [J]. 科技管理研究，2019，39（6）：142-147.

[65]Fang Y H.Coping with fear and guilt using mobile social networking applications：Knowledge hiding, loafing, and sharing[J].Telematics & Informatics，2017，34（5）：779-797.

[66]Barrick M R, Mount M K, Li N.The theory of purposeful

work behavior: The role of personality, higher-order goals, and job characteristics[J].Academy of Management Review, 2013, 38 (1): 132-153.

[67]Wang Y S, Lin H H, Li C R, et al.What drives students'knowledge-withholding intention in management education? An empirical study in Taiwan[J].Academy of Management Learning & Education, 2014, 13 (4): 547-568.

[68]Paulhus D L, Williams K M.The dark triad of personality: Narcissism, machiavellianism, and psychopathy-ScienceDirect[J].Journal of Research in Personality, 2002, 36 (6): 556-563.

[69]Evans J M, Hendron M G, Oldroyd J B.Withholding the ace: The individual- and unit-level performance effects of self-reported and perceived knowledge hoarding[J].Organization Science, 2015, 26 (2): 494-510.

[70]Bock G W, Zmud R W, Kim Y G, et al.Behavioral intention formation in knowledge sharing: Examining the roles of extrinsic motivators, social-psychological forces, and organizational climate[J].Mis Quarterly, 2005, 29 (1): 87-111.

[71] 赵健宇，李柏洲，袭希.知识产权契约激励与个体知识创造行为的关系研究[J].管理科学，2015，28（3）：63-76.

[72] 杨现民，李新，邢蓓蓓.面向智慧教育的教学大数据实践框架构建与趋势分析[J].电化教育研究，2018，39（10）：21-26.

[73]Yang Z, Nguyen V T, Le P B.Knowledge sharing serves as a mediator between collaborative culture and innovation capability: An empirical research[J].Journal of Business & Industrial Marketing, 2018, 33 (7): 958-969.

[74]Semerci A B.Examination of knowledge hiding with conflict, competition and personal values[J].International Journal of Conflict Management, 2019, 30（1）: 111-131.

[75]张磊.虚拟学术社区科研人员知识隐藏意愿评价研究[D].绵阳：西南科技大学, 2020.

[76]Dyne L V, Pierce J L.Psychological ownership and feelings of possession: Three field studies predicting employee attitudes and organizational citizenship behavior[J].Journal of Organizational Behavior, 2004, 25（4）: 439-459.

[77]Kuo L C, Yu C J, Kuo M L, et al.Antimicrobial resistance of bacterial isolates from respiratory care wards in Taiwan: A horizontal surveillance study[J].Int J Antimicrob Agents, 2008, 31（5）: 420-426.

[78]Jafaraghaie F, Parvizy S, Mehdad N, et al.Concept analysis of professional commitment in Iranian nurses[J].Iranian Journal of Nursing & Midwifery Research, 2012, 17（7）: 472-479.

[79]Lin H F.Effects of extrinsic and intrinsic motivation on employee knowledge sharing intentions[J].Journal of Information Science, 2007, 33（2）: 135-149.

[80]武凌芸, 董开莎, 杨艳.学业自我效能感在大学生专业认同与学习投入间的中介作用[J].中华行为医学与脑科学杂志, 2022, 10（31）: 938-942.

[81]秦鑫鑫, 程香晖, 董雯.学前教育学生专业认同对学业自我效能感的影响研究[J].中国人民大学教育学刊, 2021（2）: 121-135.

[82]Gerhardt M W, Brown K G.Individual differences in self-efficacy development: The effects of goal orientation and affectivity[J].Learning &

Individual Differences, 2006, 16（1）: 43-59.

[83]Greguras G J, Diefendorff J M.Why does proactive personality predict employee life satisfaction and word behaviors? A field investigation of the mediating role of the self-concordance model[J].Personnel Psychology, 2010, 63（3）: 539-560.

[84] 曹勇, 向阳. 企业知识治理、知识共享与员工创新行为——社会资本的中介作用与吸收能力的调节效应[J]. 科学学研究, 2014, 32（1）: 92-102.

[85]Chien Y, Tsai-Fang, et al.Knowledge sharing, organizational climate, and innovative behavior: A cross-level analysis of effects[J].Social Behavior & Personality An International Journal, 2013, 41（1）: 143-156.

[86] 张振刚, 余传鹏, 李云健. 主动性人格、知识分享与员工创新行为关系研究[J]. 管理评论, 2016, 28（4）: 123-133.

[87]Wagner S H, Parker C P, Christiansen N D.Employees that think and act like owners: effects of ownership beliefs and behaviors on organizational effectiveness[J].Personnel Psychology, 2003, 56（4）: 847-871.

[88] 陈永霞, 贾良定, 李超平, 等. 变革型领导、心理授权与员工的组织承诺: 中国情景下的实证研究[J]. 管理世界, 2006（1）: 96-105+144.

[89] 陈奕延, 李存金, 李晔. "师徒制"人才培养模式下克服知识共享敌意的路径研究[J]. 管理现代化, 2020, 40（1）: 60-63.

[90] 张玲玲. 高校科研团队创新能力提升研究[D]. 大连: 大连理工大学, 2010.

[91] 尚玉钒, 徐珺, 赵新宇, 等. Web2.0情境下基于调节焦点理

论的高校科研团队知识隐藏研究[J].科学学与科学技术管理,2016,37(11):83-94.

[92]Wang S,Noe R A.Knowledge sharing:A review and directions for future research[J].Human Resource Management Review,2010,20(2):115-131.

[93] 田阳,冯锐.在线学习社区中社交学习策略研究[J].远程教育杂志,2016,34(1):37-45.

[94]Hsieh H,Huang J S.The effects of socioeconomic status and proactive personality on career decision self-efficacy[J].Career Development Quarterly,2014,62(1):29-43.

[95] 李佳芹.大学生主动性人格、一般自我效能感与学校适应的关系研究[D].神州:福建师范大学,2014.

[96] 曲可佳,鞠瑞华,张清清.大学生主动性人格、职业决策自我效能感与职业生涯探索的关系[J].心理发展与教育,2015,31(4):445-450.

[97]Jafaraghaee F,Mehrdad N,Parvizy S.Influencing factors on professional commitment in Iranian nurses:A qualitative study[J].Iranian Journal of Nursing & Midwifery Research,2014,19(3):301-308.

[98]Beggan J K.On the social nature of nonsocial perception:The mere ownership effect[J].Journal of Personality and Social Psychology,1992,62(2):229-237.

[99] 周智红,王二平.作业绩效和关系绩效[J].心理科学进展,2000(1):54-57.

[100] 宋继文,孙志强,孟慧.变革型领导的中介变量:一个整合的视角[J].心理科学进展,2009(1):147-157.

[101] 周浩，龙立荣.变革型领导对下属进谏行为的影响：组织心理所有权与传统性的作用[J].心理学报，2012，44（3）：388-399.

[102] 刘莉莉，孔曼.变革型领导力与教师组织承诺的关系研究——教师自我效能感的中介效应分析[J].华东师范大学学报（教育科学版），2020，38（7）：97-105.

[103]Hsieh T Y, Duh Y S, Kao C S.Evaluation of thermal hazard for commercial 14500 lithium-ion batteries[J].Journal of Thermal Analysis & Calorimetry，2014，116（3）：1491-1495.

[104] 程祝亚.大学生学习主动性对学习拖延的影响：时间管理倾向的中介效应[D].重庆：西南大学，2013.

[105] 商佳音，甘怡群.主动性人格对大学毕业生职业决策自我效能的影响[J].北京大学学报（自然科学版），2009（3）：548-554.

[106]Ghani U, Zhai X, Spector J M, et al.Knowledge hiding in higher education：Role of interactional justice and professional commitment[J].Higher Education，2020，79（2）：325-344.

[107] 汤智，周怡.隐性知识视角的研究生导师制优化策略[J].浙江工业大学学报（社会科学版），2022，21（3）：333-337.

[108] 梁晓雨.导师变革型领导行为对研究生知识共享的影响研究[D].石河子：石河子大学，2021.

[109]Labafi S.Knowledge hiding as an obstacle of innovation in organizations a qualitative study of software industry[J].AD-minister，2017（30）：131-148.

[110] 吴东姣，马永红，杨雨萌.学术互动氛围对博士生创新能力的影响研究——师生互动关系和生生学术共同体的角色重思[J].学位与研究生教育，2019（10）：55-60.

[111] 蔡瑞林，戴克清，钱敏.知识操纵行为意向影响因素研究[J].科技进步与对策，2021，38（6）：131-138.

[112] 陈向明.质的研究方法与社会科学研究[M].北京：教育科学出版社，2000.

[113] Singh S K.Territoriality, task performance, and workplace deviance: Empirical evidence on role of knowledge hiding[J].Journal of Business Research，2019（97）：10-19.

[114] 周娟.团队内竞争感知与知识隐藏：知识心理所有权的中介作用和咨询网络结构的调节作用[D].杭州：浙江财经大学，2020.

[115] 叶晓力，夏玲丽，蔡敬民.研究生缘何选择知识隐藏？——基于扎根理论的探索性分析[J].研究生教育研究，2024，1（79）：48-55.

[116] Kumar Jha J, Varkkey B.Are you a cistern or a channel? Exploring factors triggering knowledge-hiding behavior at the workplace: Evidence from the Indian R&D professionals[J].Journal of Knowledge Management，2018，22（4）：824-849.

[117] Anand A, Centobelli P, Cerchione R.Why should I share knowledge with others? A review-based framework on events leading to knowledge hiding[J].Journal of Organizational Change Management，2020，33（2）：379-399.

[118] 李荣华.研究生学术知识共享：要素配置与推进路向[J].黑龙江高教研究，2022，40（9）：78-84.

[119] 赵祥辉.博士生发表制度的"内卷化"：表征、机理与矫治[J].高校教育管理，2021，15（3）：104-113.

[120] 张梦中，马克·霍哲.案例研究方法论[J].中国行政管理，2002（1）：43-46.

[121] 罗伯特·K. 殷. 案例研究：设计与方法[M]. 周海涛, 译. 重庆：重庆大学出版社, 2010.

[122] 王建云. 案例研究方法的研究述评[J]. 社会科学管理与评论, 2013（3）：77-82.

[123] 陈向明. 教师如何作质的研究[J]. 教师, 2013（6）：128.

[124] 谢翌. 教师信念：学校教育中的"幽灵"[D]. 长春：东北师范大学, 2006.

[125] 陈丽萍. 中学教师生存状态及改进对策研究——以深圳市中学为个案[D]. 长春：东北师范大学, 2009.

[126] 唐丽芳. 课程改革中的学校文化：一所学校的个案研究[D]. 长春：东北师范大学, 2015.

[127] 马玉宾. 新课程背景下教师合作文化的重建[D]. 长春：东北师范大学, 2007.

[128] Armstrong A, Hagel J.The real value of online communities[M]. Harvard Business Review, 1996（74）：134-141.

[129] Major D A, Turner J E, Fletcher T D.Linking proactive personality and the Big Five to motivation to learn and development activity[J].Journal of Applied Psychology, 2006, 91（4）：927.

[130] Crant M J.The proactive personality scale and objective job performance among real estate agents[J].Journal of Applied Psychology, 1995, 80（4）：532-537.

[131] 张敏, 罗梅芬, 聂瑞. 高校科研团队个体成员隐性知识隐藏意愿分析[J]. 情报理论与实践（ITA），2017, 40（7）：74-79.

[132] 金辉, 杨忠, 冯帆. 物质激励、知识所有权与组织知识共享研究[J]. 科学学研究, 2011, 29（7）：11.

[133]Ghani U. 探索知识隐藏行为的前因后果：基于中介和调节模型[D]. 合肥：中国科学技术大学，2019.

[134]Pan W，Zhou Y，Zhang Q.Does darker hide more knowledge? The relationship between machiavellianism and knowledge hiding[J].International Journal of Security & Its Applications，2016，10（11）：281-292.

[135] 张娟，杨冬."申请-考核"制考什么：学术型博士生核心能力的建构与诠释——基于42所一流大学建设高校招生文本分析[J]. 中国高教研究，2021（12）：49-56.

[136]Hwang Y，Kim D J.Understanding affective commitment，collectivist culture，and social influence in relation to knowledge sharing in technology mediated learning[J].IEEE Transactions on Professional Communication，2007，50（3）：232-248.

附录一　访谈提纲一

一、访谈目的

了解在线学习社区是否存在知识隐藏行为,如果存在,其原因是什么;哪一类知识容易导致隐藏行为;哪些方法可以减少虚拟学习社区的知识隐藏行为。

二、访谈方式

面对面访谈或者电话访谈。

三、访谈对象

具有在线学习经历,并且经历过知识隐藏或者被隐藏的硕/博士研究生。

四、访谈提纲

1. 访谈开场语

同学您好,非常感谢您接受这次访谈,我们目前正在进行在线学习社区知识隐藏行为的专题研究,内容主要用于学术研究,需要对您进行访谈,访谈时间为40~60分钟。本次访谈主要通过问答形式进行,您可以详细分享您对这一主题的见解和真实经验，没有对错之分，本次访谈的信息将严格保密，仅用于研究分析，请放心表达。

2.访谈内容（包括但不限于以下问题，可根据回答情况灵活增加设问）

（1）您觉得在您的工作团队中是否存在知识隐藏现象？

（2）您认为团队中的知识拥有者可能出于哪些原因隐藏知识？

（3）您认为团队领导者或导师如何做才能减少团队成员的知识隐藏行为？

（4）您认为团队的哪些规则或导师的哪些行为可能会导致团队成员之间互相隐藏知识？

（5）您认为什么样的知识可能会被隐藏？

（6）您认为团队中知识请求者的哪些习惯、行为等可能会导致知识拥有者对他/她们隐藏知识？

（7）您认为在什么样的团队中，团队成员之间互相隐藏知识的现象可能会比较严重？

（8）您认为团队成员的知识隐藏可能会带来哪些有利或不利的后果？

3.访谈结束语

今天的访谈非常感谢您的分享，您的观点对我的研究非常有帮助。请问您是否有其他想补充的内容，或者您觉得我们应该探讨哪些其他相关问题？如果后续需要进一步交流，我可以再与您联系吗？

附录二 访谈提纲二

一、访谈目的

了解研究生是否会选择知识隐藏或被隐藏行为,如果存在,其原因是什么;哪些因素容易导致隐藏行为;知识隐藏行为会在哪些情境下发生。

二、访谈方式

面对面访谈或者电话访谈。

三、访谈对象

经历过知识隐藏或者被隐藏的硕/博士研究生。

四、访谈提纲

1. 访谈开场语

同学您好,非常感谢您接受这次访谈,我们目前正在进行研究生知识隐藏行为的专题研究,内容主要用于学术研究,需要对您进行访谈,访谈时间为40~60分钟。本次访谈主要通过问答形式进行,您可以详细分享您对这一主题的见解和真实经验,没有对错之分,本次访谈的信息将严格保密，仅用于研究分析，请放心表达。

2.访谈内容（包括但不限于以下问题，可根据回答情况灵活增加设问）

（1）您在与他人的交往中，是否感受到他人对您的知识隐藏？

（2）这种知识隐藏对您产生了哪些影响？

（3）您认为他人的知识隐藏是出于何种原因？

（4）您是否对他人有过知识隐藏行为？请具体谈谈是基于何种情境发生的。

（5）您觉得哪些因素在影响着研究生个体间的知识隐藏？

3.访谈结束语

今天的访谈非常感谢您的分享，您的观点对我的研究非常有帮助。请问您是否有其他想补充的内容，或者您觉得我们应该探讨哪些其他相关问题？如果后续需要进一步交流，我可以再与您联系吗？

附录三　问卷量表

同学您好！

感谢您在百忙之中抽出时间填写本问卷。

此问卷的目的是探索在线学习社区中的知识隐藏行为的原因及后果，问卷采用无记名方式，填写的内容无关对错，请根据您本身最真实的感受作答。同时，问卷收集的资料仅用于学术研究分析，敬请放心。您的宝贵意见将是本研究成败的关键，恳请您全力协助，在此致以最诚挚的谢意！

1. 专业词汇解释说明

在线学习社区：是指在"互联网＋教育"的背景下，以相同的学习背景、共同的学习兴趣所组成的专业性虚拟社区。主要包括在线交友网络（QQ、微信）、在线办公（企业微信、腾讯会议、钉钉）、社交网（微博）、人大经济论坛、小木虫、百度文库、百度知道、百度百科、豆瓣、道客巴巴、知乎、豆丁网等。

知识隐藏：指个体对他人所请求的知识进行保留、隐藏或者拒绝给予的有意行为，包括推脱隐藏、装傻和合理隐藏。

伪装型知识隐藏：指知识拥有者假装不明白请求者的问题。

推脱型知识隐藏：指隐藏者提供给知识请求者非正确的知识，或虽答应请求，但在实际中多次拖延，完全没有真正解决其需求的意图行为。

合理型知识隐藏：指知识隐藏者以第三方不愿意泄露这一知识为由，不提供给知识请求者想要的知识资源。

2. 基本信息（单选）

（1）性别（　　　）

A. 男　　B. 女

（2）年龄（　　　）

A.20~25岁　　B.25~30岁　　C.30岁以上

（3）专业（　　　）

A. 自然科学　　B. 人文社会学

（4）学历（　　　）

A. 硕士研究生　　B. 博士研究生

3. 问卷测量量表

本研究采用李克特量表进行评分（逐项在1~5下面打"√"），其中，1代表完全不赞同、2代表不赞同、3代表不太确定、4代表赞同、5代表非常赞同。

专业认同感 [矩阵量表题]	1	2	3	4	5
(1) 我非常忠诚于自己的专业领域或研究工作					
(2) 对我来说，这个专业是所有研究领域中最好的					
(3) 我会很自豪地告诉别人，我是这个研究领域的一部分					

（4）我相信我所学的专业或研究领域有光明的未来					
（5）我从没想过换专业					
（6）我花了很多时间用在所学的专业上					
（7）总体上，我喜欢我所学的专业					
主动性人格 [矩阵量表题]					
（1）我擅长将问题转化为机会					
（2）我是推动建设性变革的强大力量					
（3）我喜欢挑战现状					
（4）我享受面对和克服想法上的障碍所带来的乐趣					
（5）我总是在寻找新的方法使自己的生活更好					
变革型导师指导风格 [矩阵量表题]					
（1）当我在线学习遇到任何困难时，我的导师都愿意给我提供额外的特殊帮助					
（2）当我在线学习时，我的导师在做决定时会考虑我的利益最大化					
（3）当我在线学习遇到问题时，我的导师会快速地给予帮助					
（4）当我在线学习时，我的导师会关心我在讨论中的意见					
（5）当我在线学习时，我的导师能给我指明奋斗的目标和学习的方向					
（6）当我在线学习时，我的导师会经常与我沟通，了解我的学习、生活和家庭状况					
自我效能感 [矩阵量表题]					
（1）如果我尽力去做的话，我总是能够解决别人提出的问题					
（2）如果我付出必要的努力，我一定能够解决在线学习社区中学习者提出的大多数难题					
（3）我能冷静地面对困难，因为我信赖自己处理问题的能力					

（4）在在线学习社区，面对别人提出的一个问题，我总能找到几种解决的方法					
（5）我有信心能够为在线学习社区的其他学习者提供有价值的知识					
（6）在在线学习社区中，我拥有解答别人问题所需的专业知识、技能、诀窍、经验等					
（7）我相信我能针对别人的问题提供有效的解决方法					
组织心理所有权 [矩阵量表题]					
（1）我非常认同我的组织					
（2）我觉得这就是我的组织					
（3）组织中的大多数人都觉得自己拥有这个组织					
（4）我觉得学习中使用的知识属于整个团队					
（5）当我在在线社区学习时，我很难把这个组织看作是我的					
感知个人知识所有权 [矩阵量表题]					
（1）我觉得我在学习中积累的知识和经验是属于我的					
（2）我觉得我在学习中使用的知识属于我自己					
（3）我认为我的知识是我个人的财产					
（4）我认为我带到学习中的知识属于我个人所有					
（5）我认为我学到的知识是属于我个人的					
伪装型知识隐藏					
（1）当我在线学习时，我的朋友/同龄人发来消息讨论一个主题并想要获取一些相关知识，我假装对此没有明确的想法					
（2）当我在线学习时，我的朋友/同龄人发来消息讨论一个主题并想要获取一些相关知识，我假装对这个话题一无所知					

推脱型知识隐藏				
（1）当我在线学习时，我的朋友/同龄人发来信息讨论一个话题并想要获取一些相关知识，我虽然同意帮助他/她，但从未打算真正去做				
（2）当我在线学习时，我的朋友/同龄人发来信息讨论一个话题并想要获取一些相关知识，我虽然同意帮助他/她，但我给他/她的信息与他/她需要的不同				
合理型知识隐藏				
（1）当我在线学习时，我的朋友/同龄人发来信息讨论一个话题并想要获取一些相关知识，我会跟他/她说，虽然我很想告诉你，但是现实情况不允许				
（2）当我在线学习时，我的朋友/同龄人发来信息讨论一个话题并想要获取一些相关知识，我会解释说这些信息是保密的，只提供给特定项目的学生				